島に棲む

口永良部島、火の島・水の島

貴船 庄二

南方新社

表紙画　貴舩恭子

本文イラスト　貴船庄二

はじめに

私たちが住むこの口永良部島《くちのえらぶじま》の新岳《しんだけ》が、二〇一五年五月二十九日午前十時ちょっと前に噴火した。その日の夕刻私たち全島民は島を退去し、その日から島は無人と化した。屋久島に身を寄せた私たちは噴火災害被災者として、避難生活を半年以上にわたって送ることになる。人さまざまではあるが、避難生活は私にとっては結構忙しく、そして本当に暇でもあった。

何が忙しいのか？　集会や催しが実に多く、昨日昼は商工会に出向き、夜は町の総合センターで私たちを励ますヴァイオリン・コンサートがあり、今日は徳之島から高校生たちが慰問に来て呉れるというので仮設住宅談話室に顔を出す、せっかく屋久島の一番の街、宮之浦まで出て来たのだから床屋にも行こう、明日は役員会があるので資料を作っておかねばならない、取材の申し込みもあるという具合である。私たち被災者は、互いに繋がりが絶えないように気を配り、周りの人たちは私たちを元気付けようと、いろいろな催しを企画してくれた。ありがとう。

忙しいのに何故暇なのか？　口永良部島に住み暮らしているとやることだらけで、これは島民皆同じだと思う。私の場合は大工仕事や草払い、薪作りや、水源に行って水の確保も計らねばならず、鶏やノラ猫の世話もある。とはいえ、これはもっぱら妻の係で、台風が接近すれば戸繕いは当然私の仕事で、竹の子も採るし魚も釣らねばならない。帰島したら田んぼ復活の用意もある。宿に客があれば料理は妻の係で、配膳、掃除、洗濯は私の係。会計や電話応対は妻がやる。私は厭《いや》な事や嫌いな事はしない。妻に言わせると私は究極の自己中男《じこちゅうおとこ》だそうである。それはともかく、島にいるとにかく私は忙しいのだ！

ところでこの避難生活ではこれ等がなく、幸か不幸かいたって暇なのだ。さてこの暇を利用せぬ手はない。そこでこの本を書くことにした。

島に棲む―口永良部島《くちのえらぶじま》、火の島・水の島―

もくじ

第三章　再び、島に暮らし、島に思う 179

エピローグ 219

K良部島 面積35.8km²
周囲 49.7km
北
東
処、ブダイがサンゴを噛んで排泄した
島では珍しい黄色の明るい砂浜）・今はゴミの漂着物が多い
全てコンクリート舗装道
山道・釣り道
私の釣り場
ポート
バチが
私が当った処（この辺り一帯は私の釣り場だった）
は私が釣り場に通う道
田代地区
立神
寝待地区
民宿
くちのえらぶ
私の竹の子山（誰れも入ってはならない）
温泉
神社（金峰、花尾）
地区
山ノ神神社
墓堀り名人
現在使用されていない
Kokodai
Komejiro
Erabu-Unagi
湯向
地区
放牧牛集めで仔牛に蹴られたことがある。イタイものである
野池
570m
2015年
谷筋を火砕
が通った
新岳
657m
※野池古岳はUFOの好発着場と私は思う
町営牧場
ジャジャンボ 島に移住した頃
群生林ジャムにする程採れた
回りの松が成長して
陽が当りにくくなり、
あまり実をつけなくなった
現在噴火で立入り禁止
区域となっている
古岳
638m
Bakamohame
Akabachi
Aobachi
Chibana
Hositarō
Hidarimaki
Hienro

女立神
ツナドゲ
男立神
野崎
遊歩道から歩いて一時間（人によっては二時間かかる）
岩屋泊り
大きな洞窟がある
冷水
赤崎
災害避難所
番屋ケ峰
291m
西ノ浜（子供を泳がせよい処
ものが砂浜になり、
折崎
この湾は50年近く広島大学水産学部の学生の魚類生態行動の観察場となっている
西ノ湯
中平
Gスタンド
本村
牧場
（岩屋泊の失敗をくり返さないよう求めた）
新村地区
タカサキ
前田
ドンド
向江浜
ニシマザキ
ニゴリ
フェリー太陽
屋久島宮ノ浦
私が42年前この島に移住した頃は、この辺りまでしか桟橋はなかった。この桟橋の先っちょが私のもっぱらの釣り場で、当時はブダイが餌の舟虫に喰いつくのがよく見えた。私が竜宮城へ行きそびれた処でもある。また大吉オジとイカ釣りを競った処でもある。
Situ
Wakana
Kashibassai
Nennenkomatarō
Guzuma
Hichinenkaba
Osēsan
Manbiki
AMAME
Sōjugo

バナナの葉陰で

プロローグ

火の島水の島

口永良部島は瓢簞型をしていて、括《くび》れた所の南と北に大きな入江を有し、南の入江に町営船フェリー太陽が発着する港がある。島で最も大きな集落、本村《ほんむら》である。本村港の南東、島の大きな部分の中央に火山新岳《しんだけ》と古岳《ふるだけ》が連なり、本村港の方向に樹木に覆われた尾根が二つ続き、本村港より北西、島の小さな部分に標高二九一メートルの番屋《ばんや》が峰《みね》がある。火山新岳は標高六二六メートル、島の周囲は五〇キロ近くあって結構大きな島である。太平洋戦争終戦後、一時二千人を超す島民を養い、経済成長期に入ったある月には五百人もの島民が島を出たという。現在百三十人程が島で住み暮らしている。

口永良部島では今新岳が活動中である。古岳は火口が埋まり、噴気を上げる箇所では硫黄が黄色く固まっている。ひと昔前、この硫黄を採取する人たちの集落が火口からさほど遠くない所にあって、噴火で全滅した。本村港桟橋の向かいにある向江浜《むかえはま》地区（二〇一五年の噴火で火砕流に襲われた）は、火口から谷筋を下った海辺にあって、過去、豪雨の土石流で大半の家屋が押し流され多くの死者を出している。残った島民は、谷筋から外れた小高い前田《まえだ》地区に代替地を与えられ、移り住んだ。今回の噴火では、この谷筋を幅広く火砕流が流れ下り、前田地区に住む人たちは辛うじてこの火砕流から免れ、向江浜にたった一人住むゼンオジが火傷を負った。

ここ数十年、口永良部島は〝緑の火山島〟と呼ばれた。私たちが島に移り住んだ頃、小噴火を幾度か起こし、二〇一四年夏の小噴火につづく二〇一五年五月二十九日の大噴火で全島避難となった。この間三十数年、緑は勢いを増して火口近辺までマルバサツキ等の灌木が繁った。私たち島民はマルバサツキをエラブツツジと呼ぶ。六月下旬頃、山が赤くなる程このエラブツツジの花が咲いた。この頃は登山を楽しむ人が多く、私たち島民も子供を連れて登り、火山の頂から海に囲まれた我が島を称えた。二〇一四年夏新岳は小噴火を起こし、レベル3になって火口周辺は立ち入り禁止となり、そして翌二〇一五年の大噴火。穏やかな緑の火山島が険しい火の島となった。

本村《ほんむら》集落のちょうど真ん中辺り、大川《おおかわ》と呼ぶ小川が流れている。この小川は本村集落をとり囲む丘のすぐ下の田から湧き出る水が端《たん》を発していて、この川の長さは二〇〇メートルあるだろうか。全て湧水で年中海に流れ込んでいる。水が湧き出る田の穴へ太さが一升ビン程あろうか、おそらく大ウナギであろうものが滑り込むのを見たことがある。この湧水は東側の田を経巡《へめぐ》る。西側の田にはこばんこの水が経巡っていてやはり湧水である。本村をとり囲む丘の西側の岩の割れ目からゴボゴボ湧き出し、集落の各所にあるタンクに水を送り込み、溢れた水は西側の田を経巡り大川に至る。このこばんこの水は島に寄港した舟が、小判をはたいてでも手に入れたい水ということらしく、そのまま飲用出来る美味しい水である。

私が住む田代《たしろ》地区はこの本村から北へ車で十五分程、歩けば小一時間かかる。かつては十世帯程住み暮らした地区だが、今は私たち夫婦とヒダカさん（一人暮らし）ぐらいだなあ。この地区に簡易水道はなく、近くを流れる小川からそれぞれが水を引いていた。島の小川は、降った雨が土中に染み込み、それが川筋のあちこちから染み出し合わさって、下流ほど水流が太くなりちょっとした川になる。強い雨やドシャ降りだったら一気に海に流れ下る。

宿の水源は、川筋をかなり上まで登らなければならないのだが、水が湧き出す箇所に粘土で小さな升を作り上流側から水を集め、下流側の太いパイプで宿の大きなタンクに水を送り込んでいる。升のところで目の細かいメッシュを幾重も巻いたものを太いパイプにとり付けている。それは取り外し装着可、すぐ洗えるように作ってあり、ゴミをシャットアウトしている。タンクは宿より高い所に設置してあり、その水圧で簡易水道同様、蛇口を捻れば水が勢いよく出る。宿であるため保健所の指導で滅菌装置を設置しているが、この水は川に流れ出す湧水を集めたもので、無処理で飲用出来る美味しい水である。常時、宿のタンクから溢れ出ていて、渇水期でも水が涸れることはない。私の腹具合はデリケートに出来ているが、この水で怪しくなったことはない。昔からこの地区の住民はこの水を飲んで生きてきた。

水は人を含めてあらゆる動物に必要なものである。宿の水源管理で通う（年に数回）急峻な小川の端に防空壕跡がある。太平洋戦争末期、敵機襲来の情報が入るや否や、爆音が聞こえるや否や、この地区の島民はこの狭い防空壕に身を寄せ合い、喉が渇けば数メートル先の川の水を恐る恐る飲んだのだろう。防空壕といっても、永年、川の流れが削り取った柔らかい岩盤を横に数人入れるくらい掘ったもの。上空からは、川の筋は識別出来てもウッソウとした樹木でまず見えないだろう。枯葉剤がまだ使用されない頃でヨカッタネ。

ここで一言、アメリカ軍が行ったベトナム枯葉剤散布は、原爆投下もさることながらテロ同等の卑劣なことである。私たちがここで気付かねばならないのは、この作戦で巨利を得た者がいるということだ。そしてさらに、気付かねばならないのは、この巨大な利の一部が、日本とアメリカという同じ経済圏にいる私たち多くの人たちに、巡り巡ってバラ撒かれているという循環する構造なのだ。

通常、小さな島では水に苦労しているところが多いが、この口永良部島は噴火でかなりの樹木が枯れたが、未だ水の豊かな島である。

何故この口永良部島に住むことになったのか?
そして何故島を逃げ出したのか?
何故再びこの島に住むようになったのか?

?マークが三つある。まず最初の?マークは、第一章に記した「口永良部島を発見する」の項を読んで下されば
お分かりになると思う。少し重なる所があるが悪しからず。

昭和四十八年だったか、私と妻と長女長男、四人暮らしの私たちは、東京国立《くにたち》市の裏長屋に住んでいた。その長屋は六畳一間と小さな台所、トイレが付いていて、たいして車は通らない裏長屋とはいえ、三歳になって活発に動き回る長女ぬい子が、いつ車に撥ねられるかとヒヤヒヤしながら暮らしていた。妻は、どこか安心して子育て出来る田舎を探してくれと言う。私は古本屋、レコード店、パチンコ店、コーヒー屋のあるこの東京にたいして不満はなかったが、私も車は嫌いなので妻の不安もよく分かった。

田舎探しは北海道を手始めにだんだん南下し、鹿児島に来て海にブチ当たり、やっと島があると気付いた。そこで島に行くなら徹底的に不便な島に行こうと思った。地図を見てトカラが最も不便そうだった。船便も分からず、とにかく港に行くと、十島《としま》丸はさっき出港したそうで、次の出港は一週間後だという。これは四十三年前のことである。

一週間もここで待つワケにはいかない。係の人がそんな私を見て、もうすぐ屋久島行きの船が出ると教えてくれた。とにかくその屋久島なるものを見てみよう。私は船に乗った。近づく屋久島はとんでもない大きな島だった。私の島のイメージは、もっと小ぢんまりした島で、つまりどんづまりの島で、つまり先のない島で、つまり、そこ

にいたらそこにいるしかない島だ。屋久島の係の人はそんな私を見て、もうすぐ口永良部島に行く船が出ると教えてくれた。とにかくその口永良部島なるものを見てみよう。私はまた船に乗った。

その船は明るい朱色の小さな船で、さっき乗って来た船と比べると本当に小さい、五〇トンで名を太陽丸だという。出航すると船員が船尾から何かを海へ投げ入れ、手摺りに細い紐を結び付けている。船尾のむこうに玩具の飛行機のようなものが、飛沫を挙げて海面を飛び跳ねている。その時は何をしているのだろう?と分からなかったが島に住んでよく分かった。ホロ引きといって、カツオ等の回遊魚を釣っていたのだ。当時の町営船太陽丸は、小さく速度も遅く、ホロ引きにはちょうど良い速度だったのだろう。島に住んで太陽丸に乗ることがあると、速度を落とす時がたまにあって、私たち島の乗客は「ああ、魚がかかったな」と分かるのである。きっと船員皆で刺し身にして食べるのだろう。これはひと昔前の良さだと私は思うが、今なら「ナンダ、ナンダ」と大騒ぎになるだろう。

右手に島が見えた。無人島みたいだなあ。太陽丸は島に沿ってトロトロ進み、山頂がゴッゴッしていて、この島は火山島であることを私は知った。当時は屋久島宮之浦港から口永良部島本村港まで二時間二十分かかった。今のフェリー太陽は一時間四十分で結ぶ。五〇トンの小船から今は四二〇トンのフェリーになり、当時は四百人近い島民が暮らしたが今は百三十人程だ。島に沿って進んだ太陽丸は大きく舵をきって湾に入った。無人島のように見えたが、その湾に入ると黒い瓦屋根の家屋がびっしり固まる集落があった。桟橋は海に三〇メートル程突き出ているだけだが人で溢れていた。私は、生まれてもいない大正期か明治期にワープした気がした。

翌日、役場出張所職員スズさんから教えてもらった十五軒程の空き家を見て回った。その中に私たちが住む家はココだ!と思う家があり、借りることが出来た。東京に戻って妻に島の話をすると、その島は昨日噴火したという。新聞を読むと、ナルホド私が島を出たその夜噴火している。妻にこの島に私たちの家を見付けたと話すと、妻は「この噴火は、私たちを歓迎しているのよ」と言う。私は二十六の歳に、長男長女妻と共にこの口永良部島に移り住んだ。妻は次女を身籠っていた。

さて、私たちはこの島で十年間住み暮らし、そのあとスタコラサッサと逃げ出したわけだが何故か？　正直結論を言うと、島の濃密な人間関係に草臥《くたび》れたということである。正確に言うと、私のような完全自己中男は少々のことでは草臥れないが、妻は本当に草臥れたのである。これは妻が当たり前の人間であることを証明している。

島に移り住んだ頃、妻は五〇メートルも先からこっちにやって来る島民に何度も頭を下げ、挨拶をした。私はいつでも無礼があったら殴ったるという顔をしていた。島民は想像力豊かで、こんな私たちを見て「あん奥さんはココ（頭）が怪《おか》しかど」「きっと他の男の種ば仕込んで（妻の腹はかなり大きくなっていた）、向こうにおれんようになって逃げて来たんじゃろ」。これが島民の主流観測であったそうな。

そのうちに、島の我が家にはいつも人がいるようになった。日中はいつも誰かがお茶を飲んでいて、夜は誰か飲み助がいた。島人は男も女も農作業や牛飼いで忙しい。妻はいつも家にいて子供たちのおやつ作りや料理をしている。島に棲まわせてもらっているという想いが強く、愛想が良く料理が上手い。入れ代わり立ち代わり、島の爺さん婆さんがやって来る。妻にも島暮らしでいろいろ楽しいこともあったのだろうが、自己中男を亭主に持ち、こんなことが十年続き、なにやら挙動が怪しくなってきたのである。

誰かが来た。妻は母屋の箪笥の陰に隠れ、私に向かって指を唇の前に立てる。なにやら眼が怪しい。

私は即座に島を出ることにした。

再度希薄な街暮らしを求め、兵庫県姫路の近く本竜野《ほんたつの》市に移転した。島を出ることを子供たちは嫌がったが仕方がない。妻が参っていた。

そして何故また島に戻ったのか？

次女の真木はまだ十八歳にはならなかったが、三人の子供たちは私たちの手から離れたと判断した。妻は島を逃げ出しはしたが、死ぬには良い所だと想い極めており、もう逃げ出さずに対処出来る自信がついたと言う。街では妻もさまざまな職に就き、老人や障碍者の施設職員にもなり、私も再び街暮らしをして相変わらず職を転々とし、さまざまな人を観て街は空疎であると再認識した。まだ成人にならない次女真木を連れて、私たち三人は再び島に戻り、そして現在に至っている。この間のことは後をお読み下されば大概察しが付くと思う。

※私は昭和二十二年六月九日、大阪吹田《すいた》市で生まれた。太平洋戦争が終結したのは昭和二十年である。妻は私より二歳下でどちらも団塊の世代である。私の人生を大きく分けると次のようになる。

・妻と暮らす前（二十年間）
・東京暮らし（六年間）
・島での暮らし（十年間）
・島を逃げ出し街での暮らし（関西に八年間）
・再び島暮らし（私は現在六十九歳だから約二十五年くらいかなあ）

再び島暮らしを始めた頃、屋久島の季刊誌『生命の島』（現在は廃刊）から寄稿してくれないかと誘いがあった。私はちょうど本村公民館長の職に就いた頃で、主に島の小中学校の保護者たちから児童生徒の減少を憂う声が挙がり、それに対処する協議会を公民館で立ち上げ、山海留学・島民募集の旗を振った。『生命の島』三〇号から以後四年、十六回寄稿した。第二章は寄稿文を中心に掲載するので、皆さんこれ等を読んで下さればおおよそ島の概念が掴めると思う。

第一章　島に暮らそう

本章は、屋久島の季刊誌『生命の島』三〇号（一九九三年）から四年にわたり十六回寄稿したものに一部加筆した。なお、章末に掲載する余話①〜③は、後に執筆したものである。

島民募集

「この孤立した島の可能性を認識し、島を害わず、海を前に、生きた火山を背に、風に全身を曝し、胸に誇りをもって生きていける貴方！」

私たち口永良部島は屋久島上屋久町の一地区となっていますが、屋久島の西方約一二キロに位置する、周囲四五キロ、活火山を有した孤島です。人口は平成五年十一月現在百七十三人、そのなかで幼児四人、児童生徒十二人、十六〜二十九歳は男女合わせて十六人と著しく高齢過疎の島です。

昭和三十年以前二千人を超す人口を抱えたこの島は、当時可能なかぎり開墾され、半自給自足的な生活が営まれましたが、高度経済成長期をむかえ逐次人口の流出に見舞われ、現在に至っています。

島は瓢箪形をしており、くびれた部分に最も大きな集落本村を形成し、南に面した大きな湾に港を有し、町営船第二太陽丸（二〇〇トン）が一日一便屋久島間を就航しています。瓢箪の大きな部分のやや南よりに活火山新岳を有し、周りは主に椎、松などの雑木で蔽われ、海辺は断崖となって美しい景観を見せています。開墾された北側は、島を去る人たちが杉や松を植え、ある人たちは放置し竹山と化し荒れた印象を与えますが、海辺は険しく荘厳です。海は温帯と亜熱帯の接点になっており、魚種、魚量とも大変豊富です。

さて私たち口永良部島は児童生徒の確保を図ろうと、教育振興推進協議会を設け、家族移転、孫もどし、山海留学等の業務推進と、それに伴う住居、宅地農地、仕事の確保や広報に努力をしていますが、空き家は近年続く台風により破損し、補修して入居できる家屋は数えるほどしかありません。

島民募集「この孤立した島の可能性を認識し、島を害わず、海を前に、生きた火山を背に、風に全身を曝し、胸に誇りをもって生きていける貴方！」

また、宅地農地の取得は、島では所有名儀の変更が等閑《なおざり》にされており困難を伴いますが、気長に交渉すれば可能であると思います。仕事は差し当たって公共事業等による人夫、作業員の職はありますが、農林漁業及び牧畜等の仕事は、数年の定住を経て島の特性を把握した時点で可能だと思います。医療に関しては、医師は屋久島、鹿児島より定期診療として島の診療所を訪れますが、看護婦は一名常駐しています。ヘリポートが整備されており、緊急時には救急患者は直接鹿児島の病院へ移送されます。

島民募集などと大見栄をきって呼び掛けてはいますが、正直なところ定住者の受け入れ体制はあまり整備されていないのが実情です。しかし一度この島を訪ねて戴き、貴方の目でしっかりと見て欲しいのです。口永良部島は上屋久町の各地区とは異なり海を隔てており、町行政の恩恵は遅れがちです。離島ゆえの不便さと無医地区の不安、火山や台風など災害の恐れを抱えていますが、豊富な温泉や魚貝、美しい自然林と豊かな土壌の農地を有しています。今、私たち口永良部島が最も必要とするのはこの孤立した島の可能性を認識し、島を害わず、海を前に、活きた火山を背に、風に全身を曝し、胸に誇りをもって生きていける貴方です。確かに立派な住宅も安定した仕事も用意されてはいません。しかし是非一度、島を見に来て下さい。滞在費は不要です。そして暮らしてみようかとお考えになれば、私たちはできる限りのお手伝いをいたします。家の修理も皆で手伝います。野菜を作りたいと思われるなら畑地を貸して呉れる人を紹介します。仕事がなければ皆で作り出しましょう。

現在世界は自然と文明のアンバランスに呻吟しています。口永良部島は、目先の利益や安易さにとらわれず自然と人間社会の調和を求め、全世界の範となるべく、独自の文化を創りあげる条件を備えています。そして今必要なのは貴方です。

連絡をお待ちしています。

〒八九一―四二

鹿児島県熊毛郡上屋久町口永良部島　口永良部教育振興推進協議会（会長・貴船庄二）

（二〇一五年の大噴火後、私たちは多くの方々から支援激励を受け、本村公民館ではその支援金を基に、定住促進を図ろうと様々な施策を講じています。参考にされたい方はお問い合わせ下さい。現在、本村公民館長貴舩森）

口永良部島にユース・ホステルを造ろう！

島から撤退した恵命我神散《けいめいがしんさん》乾燥工場の建物三棟分を、手前で解体撤去する条件で、計数万円で買い取った。業者に依頼して解体運搬する金など私が持っているわけがない。少々小金を稼いでも女房がすぐに使ってしまう。若い頃からおしんもどきの生活をさせてきたから、その反動が近頃出て来ても仕方ないかなとも思う。そこで島の青年層に集まってもらい趣旨を説明、解体協力を要請した。もちろんボランティアである。

初夏の日頃、まず八千枚にのぼる瓦降ろしを手始めに、のじ板・垂木をはがし、建物の中に柱を必要としない合掌造りの屋根材（これが一番欲しかった）を、桁からボルト・ナットをはずして取る。ボルト・ナットは塩錆びで取りづらい。暑くてきつい、危険、汚い、三Kだ。合掌を吊り上げるのは業者がユンボで協力してくれた。皆自分の時間を割いて気持ちよく協力してくれた。何が何でもユース・ホステルを造らねばならない。夜、我が家で青年たちが飲んで騒いでも、眼をつむっていなければならない。

島で古い友人にゴトウという男がいる。この男は年中ひげ面で、小型のプロレスラーみたいな体躯で、非常に力持ちだが、気は優しく、はにかみ屋である。この男が、島で電話線が地下ケーブルに切り替えられた時、不用になった電柱を、自分でログハウスを建てるため、一本五百円で百本余り買った。その中から柱など骨組み用に数十本分けてもらったが、もちろん金はまだ払っていない。そのうち時効になるだろう。

ところで肝心の用地が決まらない。まごまごしている内に中学校が新築されることになり、解体業者が、手前で解体するなら必要なものを取ってもよいと言ってくれた。またもやボランティアである。床板三教室分、床下の大床材、電燈器具、教室出入り口の木製引き戸、ガラスがいっぱいはまった木製の窓などを運び出した。これで建物本体の資材がかなり揃った。しかし用地はまだ決まらない。

私の住む近所にヤマイチという三十過ぎの独身男がいる。この男は少しどころか相当のお人好しである。自分の仕事は放ったらかして人の加勢ばかりしている。当然、私の加勢もすることになる。ヤマイチの父ちゃんはもう亡くなったが、農機具から電動工具、大工道具と、たいがいの道具類は揃えている。私の現在住む住居は台風でつぶれかかった廃屋を改造増築したものだが、この道具類がなかったらできなかったろう。ある日、ヤマイチは私にこう言った、いつユースが出来っとか、早よせんと木が腐れっど、建てるならおいの田代の畑を使えばよかがな。

広さ八百坪ほどで高台で、海を望み、硫黄島が見える。敷地に作業小屋に適当な廃屋があり電気もある。水は山水が引いてあるし、すぐ下の町道の地下ケーブルから電話も引ける。桟橋からちと遠いが若い者は歩けばいい。荷物が多ければ迎えにも行こう。よしここに決めた。

棒踊り姿のヤマイチ

大昔も女の時代であったが、今も女の時代である。少し以前は男の許に女が嫁いだが、今は女が男を引っ張ってくる。島には若い娘が要る。年寄りも元気に朗らかになる。何より私が若い娘が好きだ。さて、夢多い若い娘が、この口永良部島にユース・ホステルがあると知って太陽丸に乗ってやって来る。たいがいの娘たちは屋久島の雄大な山々や豊かな緑、適度な南国らしさや便利さや観光施設やらに街の煩雑さを逃れ、ホッと溜め息をつく。そして、口永良部島に気付くこともなく行こうとも思わないだろうが、少し冒険心のある娘なら行ってみようと思うにちがいない。島が近づいて来た。中腹に這う一周道路の筋がわずかに人間の営為を感じさせるだけで何もなさそうな島だ。火山のせいで山頂は岩肌を見せ、海辺の岩は切り立ち、火山の中腹まで何の草か樹木か、緑の絨毯である。船はトロトロ進み、山は刻々と姿を変える。波は飽きもせず岩を洗っている。船は大きく進路を曲げ、汽笛が鳴った。桟橋らしきものが見えてきた、まばらに人影が見える。黒い屋根のくすんだ低い家屋が少しかたまっているだけで、およそ観光地とは縁遠い。

着いた、とにかく降りよう。

口永良部島ユース・ホステルは桟橋から一時間以上歩かねばならない。迎えに来てもらえば良かったと娘は後悔しながら、案内地図を片手に珍しげに歩く。これが農協、これは郵便局、地図ではエラブ銀座通りと書いてある。あれよと言う間に集落を過ぎて道は湾を見下ろす登り坂になる。この眺めは確かに心地よい。大きなガジュマルが海を背景に黒々と大形に枝を伸ばしている。道は大きく曲がり、鬱蒼としてくる。なにか竹ばかりだな、屋久島とは似てないな、畑らしいけど何を作っているのかな、あっ牛がいる、こっちを見ている、大丈夫かな……。道の両側は竹や松、名も分からぬ灌木ばかりでなにか無愛想だが、たまにチラッと海が見える。かれこれ一時間は歩いた。家らしきものは見かけないし人にも会わない。娘は不安になってくる。あっユース・ホステル入り口と書いてある、やっぱりあったんだ……。道の両側にはいろいろな果樹や灌木が植わり、木のあいだは花壇で色とりどりの花が咲いている。

私は植物音痴だ。桃と桜の見分けがつかない。

植物に詳しい人がいると妙に感心してしまう。

島での友人にソメヤという男がいる。私たちはこの男のことをソメヤ博士と呼んでいる。植物や農業に関するこ

と、その他諸々のことにやけに詳しい。果樹のことでも話をさせると五時間でも一人でしゃべっている。酒が入ったらなおさらである。こちらは朦朧として右の耳から入れば左の耳から抜けている。果樹の苗木が六十本ほどあるからユース・ホステルの周りに植えようと言う。建物の工事にまだ取り掛かってもいないのに果樹を植えることになった。この樹はいつ頃に花が咲き、どんな花で、実の付くのはいつ頃で、同種類のものよりはやや実は小さいとか、この樹はどこそこの国が原産で風に弱いから植えるならあそこがいいとか、馬の耳に念仏である。私には実が成ってみないと何の樹だか分からない。実であれば、柿やミカンかぐらい私でも分かる。

さて七〇メートル程枝道を抜けると建物が見える。柱はくすんだ灰色の電柱がむき出しで、壁板が無造作に打ちつけてある。娘は思う、白い壁じゃなかった、倉庫みたい、入り口はどこかな……。細長い建物の中央に開け放した大きな入り口がある。娘は疑いと期待をもって中に入る。中でたむろしている島の青年たちはもの欲しそうな好奇の眼で娘をじろじろ見る。どこでも男はもの欲しそうにじろじろ見るのだから……と娘は気を締めて部屋の中を観察する。天井が高い。天井板がなく、もろに屋根板が見えるのだから高いはずだ。古い木造学校の一教室分くらいの広さだ。足元を見ると土であるから、つまり土間だ。どうもこれは食堂らしい……。直径二メートル程ある手作りらしいごついテーブルが数個でんと坐り、窓辺には恋人同士がひっそりと語らうには都合のいい小さなテーブルが据えてある。どこかで聞いたような音楽が聞こえる……。

私はモーツァルトが好きだ。バッハも、ヴィヴァルディも、ショパンも好きだ。演歌もたまには良いが加藤登紀子はいいね。カラオケは年一度どこかでがなりたてればよろしい。私はラジオが好きだ、しかしテレビは嫌いだ。我が家やユース・ホステルにテレビがあれば気が滅入ってしまう。何か恥ずかしくなる。テレビは置かない。利用客は私の趣味、好みに従ってもらおう。女房はもっと小うるさい。いやなら民宿に泊まればよい。

まあ！　ようこそ、ニコニコ笑顔の、どこか探るような眼をして女房が現れる。若い娘といってもいろいろいるからねえ……、この娘は使えそうかな……、この娘は島でもちこたえられるかなあ……と女衒《ぜげん》並みの観察をやってのける。しかし今までこの女房の観察はあまり当たったためしがなく、私にブツブツ不平を鳴らすだけである。私など若い娘というだけで合格だからいたって幸せである。

何故、島にユース・ホステルを造るのか？　第一の目的は、この島に若い娘を引っ掛けるためだ。私にとって男は二の次だが、女房はどうだか私は知らない。第二の目的は島の連中と島を訪れた客とがワンジャワンジャ入り込めるようにするためだ。年寄りたちもたまに食事に来ればよいし、日用の買物以外自分のために金を使うところもないのだから、コーヒーでも飲んで金を使うのもいいだろう。夏、かき氷でもすれば、じいちゃんばあちゃん喜ぶにちがいない。第三に、ただワンジャワンジャ騒がしくするだけでなく、島のこと世界のことを真剣に話し合うためだ。どうすれば島を世界を害わず我々は活き活きと暮らせるかをだ。年寄りが安らかに暮らせて、子供たちが増え、独自で美しい島でありたいものだ。

女房が、泊まりますかと聞く。娘は何か決心をしたかのように、ええ、お願いします。戻ろうにも太陽丸はもう出てしまった。それじゃ部屋へ案内しましょう。

この建物は中央が八×八メートルの広間兼食堂で、奥に四×四メートルほどの厨房が付いており、両側に七×七メートルの男子棟と女子棟があって、両翼より食堂へ集まることができる。女房は厨房をもっと大きくして食品加工場も兼ねたものを造れと要求する。宿舎の床は例の中学校教室の床板を使い、窓はやはり中学校の木製ガラス戸だから、とどのつまり教室である。窓から島が見える。あれは硫黄島ですよ、荷物を置いたら、お茶を入れますから食堂へどうぞ、と女房。娘はだだっ広い部屋と窓から見える海をかわるがわる眺め、再び決心して食堂へ入っていく。例のもの欲しそうな眼だ。無視して広いテーブルを前に腰かける。女房は茶をさしながら、どこから来られたのと聴取を始める。お名前は、お幾つ、どこの学校、お仕事は、どうしてこの島を知ったの、お父さんお母さんは、貴女は長女、恋人はいるの……と言った具合である。まず受け答え、仕草、笑い方からこの娘の感性を探る。宿泊中、食器の上げ下げ、自発的に手伝いを申し出るか、島の連中とどのような話や態度を示すか、いかに行動するか観察を怠らない。娘を気に入れば、自分の大事にしていること、思っていること、好きなこと、興味のあること、得意なこと、草木や感銘を受けた本のこと、男のバカバカしさのことなどなど、娘の反応を見ながらジワジワ攻めていく。

夜は十一時まで食堂を開こう、それ以後は年に数回あればよい。もちろん夜は酒を飲む。酒がなければ人生面白くない。娘は飲んだ島の連中のハチャメチャに驚き、少し恐くなる。しかしこのハチャメチャは島での生活の裏打ちがあり、決して無礼なものではない。彼らは朝起きたらケロッとした顔で、ヒョッコリ顔を出す。

気に入った娘があれば、たいがい魚や貝や地玉子やら貢物をもってやって来る。暇があれば何かと世話を焼こうとする。明敏な娘であれば街と島の暮らしの違い、時の流れの違い、そして一人ひとりの存在の重さに気付き始める。この島にもう少しいたいな……、このユース・ホステルで少し仕事をさせてもらえないかな……と、ここまできたらしめたものである。この先はまだ考えていない。

五月に入ったら、まず作業小屋を修理して、基礎工事に着工を予定している。建築木材の墨出しは私がするが、刻み込みは皆に手伝ってもらい、一挙にパタパタと組み上げてしまおう。建物にはなるたけ金を掛けず、その代わり設備を充実させよう。障害のある人たちが使い易いよう心がけよう。生活排水など気を付けよう。建設資金は、五万円でも五十万円でも額を問わず、出資者を募ろう。その替わりとして、五万円なら五万円分の口永良部島ユース・ホステル宿泊券を発行しよう。その券は別の人に譲ってもかまわない。なるたけ多くの出資者が現れることを期待している。この口永良部島ユース・ホステルは私のものではない。協力いただいた皆さんのものである。しかし運営の方針は私や女房にお任せ願おう。オープンはいつになるかまだ分からない。

【追記】

つい先日、口永良部で公民館長選挙があった。公民館役員の任期は二年で、今年は改選にあたり、二十数年ぶりに私を含めて二人が館長に立候補した。結果、有権戸数八十五戸のうち三十八票対三十五票で私は敗れた。この選挙は妙な選挙であったが、内容はいずれまた。

公民館長は口永良部教育振興推進協議会長を務めることになっている。ついでに口永良部テレビ組合長も務める。前公民館長であった私は、テレビを持ってもいないのにテレビ組合長を務めていた。前号の「島民募集」は協議会長としての文であるが、今回の「ユース・ホステルを造ろう」は、私個人の島民募集に関連した文である。次いで口永良部ユース・ホステル建設に資金を申し出ようと思われる方々は、貴船庄二へ連絡されたし。

口永良部島にイカ餌木生産協同組合を作ろう！

口永良部島にイカ餌木生産協同組合を作るぞ！　とは言え、私は組合なんぞ好きなタイプではない。公民館長を退いた私は、月額九万円足らずの俸給であったが、無収入となり、何かたつきを探さなくてはならない。コンクリート尽くしの公共事業の人夫など好まぬし、向こうでも雇ってくれまい。そこで思いついたのがこれである。うまくいけば、この島で数人は仕事にありつける。この仕事の大半は手工である。

今、世界は経済というヒドラが人を地域を国を主従隷属の下におき、地球を食い物に自滅の道を突進している。人は飽くまで安易安逸を求める生物である。

安易な生活が送れるのであれば、我が子を奇形の下に曝そうが、他国の人や子が飢え死のうが、防毒マスク付き紫外線遮断服を着て出歩こうが、たいしたことではない。最新防毒エアコン完備の我が家に帰れば、手足を伸ばして楽々とくつろげるのである。己が人格と精神を抹殺するだけでよいのだ。そしてなるたけ土から離れればよい。

土の重力はあまりにも重い。ベルトコンベアの上から皆に呼び掛けよう。もっと豊かな暮らしを！　自然を守れ！
書き出しから脱線してしまった。

イカ餌木（エギ）とは何ぞやと言われる方が多いと思うが、主にミズイカ（アオリイカ）、コブシメ（コウイカ）を捕るための、木を魚に似せて加工した道具である。大きさは九～二一センチくらいで、五段階ほどある。夏八月頃から小さいイカが捕れ出し、春五月頃には最も大きなもの（四、五キロ）が捕れる。

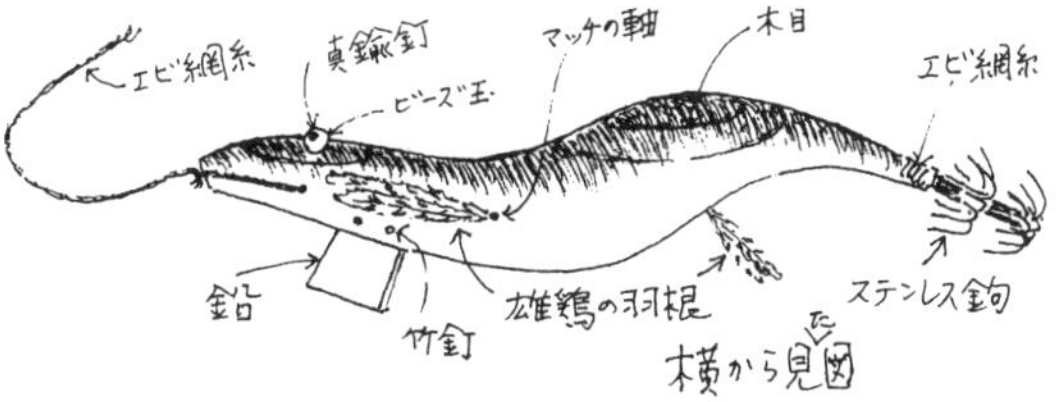

イカ餌木

そこでまず本体に使う木だが、浮力が強いことと、削った表面がよく光を反射することから、材質の軟らかいものが良い。そしてよく乾燥していなければならない。島で自生する餌木に適した木は、アマギ・クサギ・ダラ・シマクロ・バカギ・センダンなどがある。私はよく海辺へ乾燥し切った流木を拾いに行く。長い間海を漂い、岸へ打ち上げられ、日に晒され、雨に曝され、虫が食い、その中に貝殻が入り込んでいる。これら打ち上がった流木の中から、特に軽いものを探し出し、餌木に使えそうなものを持ち帰る。この寄木は囲炉裏で焚くと、緑、赤、橙、青とそれぞれ美しい炎を出す。夜暖をとりながらその炎を眺め、無為の一時を過ごすのは楽しいものだ。

制作手順だが、原木を作る長さに切り、太ければ割る。次に不要な部分を鉈でなるたけ削り取るが、その際木目が上部にくるよう注意する。あとはよく切れるナイフで丁寧に削るわけだが、正面から見て左右が対称になるよう削らないと沈む時回転しやすい。本体を削り終えると、各部を取り付けるための穴や溝を彫る。この段階で本体に炭火で焼きを入れる。背はこんがりと強く、脇腹は淡く、腹は焼く必要はない。濃く焼いたものは闇夜に強く、薄く焼いたものは月夜に強い。そしてその焼いた本体を、稲藁を束ね

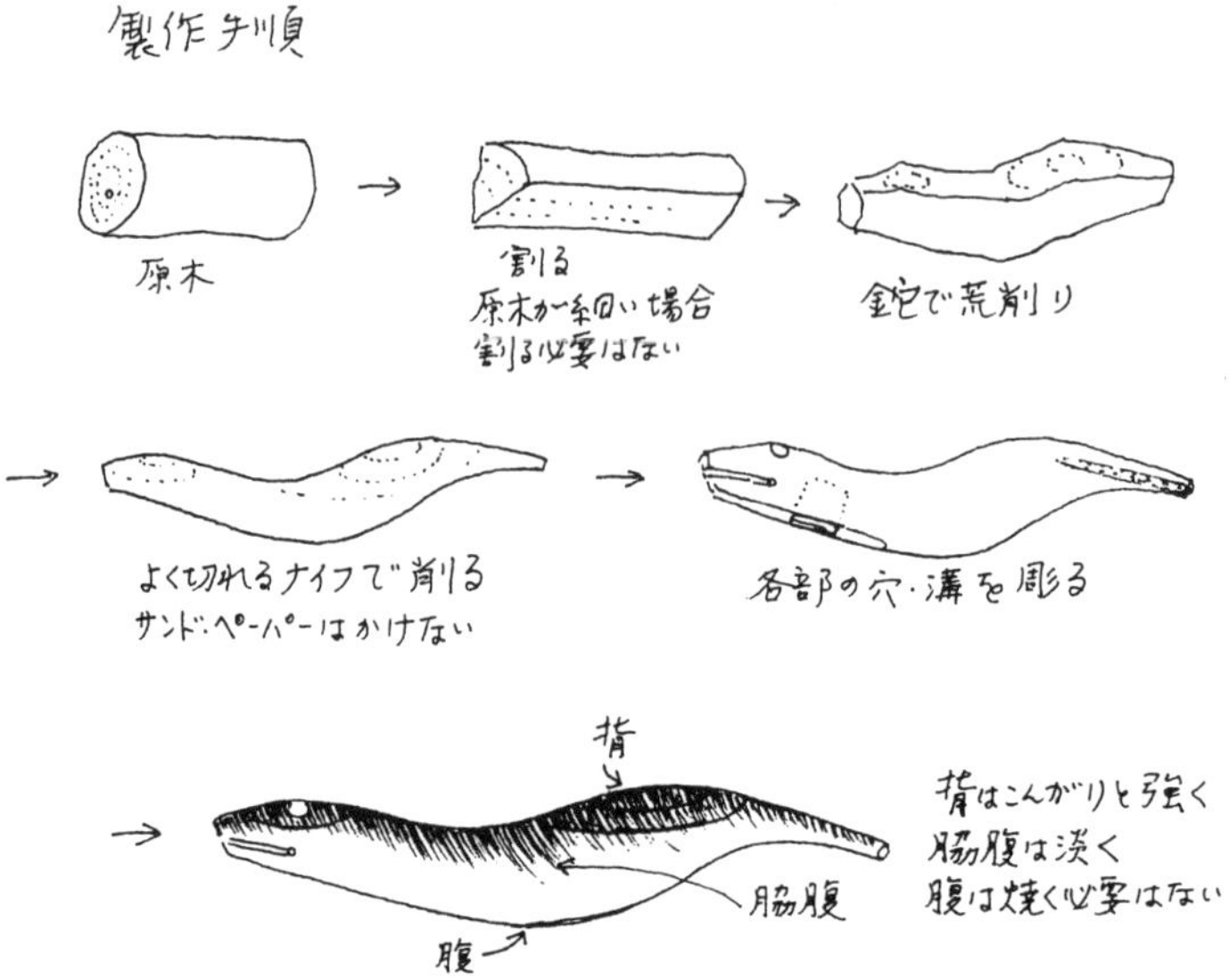
製作手順
原木
割る
原木が細い場合
割る必要はない
鉋で荒削り
よく切れるナイフで削る
サンドペーパーはかけない
各部の穴・溝を彫る
背
背はこんがりと強く
脇腹は淡く
腹は焼く必要はない
脇腹
腹

たもので水の中でごしごし磨く。後は各部を取り付けて完成というわけである。

さてこれを釣り具屋、土産物屋、口永良部島ユース・ホステルで売ろうという目論みである。売れに売れて、イカ餌木御殿を建てて、女房にどうだと大きな顔をしたいものだが、一日木を削っていると肩は凝り、指は痛くてバンソウコウを貼り、目は霞み、御殿建つ前に指はナスビになって、歯は抜け落ち、分厚い老眼鏡を掛けていることだろう。ところで、最近島へ移住して来たイシグロ、コミヤマの二氏は、この仕事を覚えたいと言う。また島の学校の事務官ダイちゃん、発電所勤務の青年ノイチも作って見ようと言う。ところが有望なる正・準組合員四氏の作はどう見てもいびつだ。但しこの四氏には、私が削ったマリリン・モンロー型を見本として渡し、忠実に再現するよう指導したものである。

確かに格好なんかどうだっていい。要するに削って焼いて錘りと鉤を着けて海に放り込んでやれば、イカにも物好きがいるから飛び付いてくる。しかしだ、これを売ろうというのだ。もちろん、確かに人間にも物好きはいる。しかしだ、これらの商品を持って釣具屋に行き、どうぞ売って下さいと私はよう言わん。ところがこの四氏、それぞれ審美眼には自信があるらしく、いっかな譲ろうとしない。前途多難な組合である。四氏よりもまだましなものが作れると、自信のある方はこの島に住んで戴きたい。まだ数人この仕事に従事しても、製品を売り捌く余地はある。イカ餌木は消耗品である。海底に引っ掛けたり、糸が切れたり、大きな魚やイカに取られたりもする。手で削り焼いたものは売り出されていない。手慣れればひと月に一五〜一八センチくらいの餌木なら五十丁くらい充分作れる。肩は凝って指は痛いが、そのうち慣れてくる。島では物価は街より割高だが、余計なものを買わなくて済む。木を削っていれば人格を損なわずに済む。合い間には野菜でも作ればよいし、海へ魚や貝を捕りに行けばよい。また読書をするのもいいだろう。

私は二十六のときに女房子供を連れてこの島に移り住んだ。近所に七十を過ぎたアラキダイキチという、ヘミングウェイの「老人と海」の主人公みたいなオジがバアちゃんと二人で住んでいた。オジはもう亡くなったが、バアちゃんはまだ健在である。オジは腰は曲がっていたが、昔の筋骨をまだ留めており、顔中に房々した白ひげを蓄え、眼は灰色で何か日本人離れした、西洋的なというのではなく、万国に共通する精神的な顔をしていた。このオジが秋十一月頃から夕暮れの一時、桟橋の先に座り竿を出している。魚釣りでもしているのだろうと思っていた。ある夕刻私は桟橋へ下りていったところ、オジは元から曲がっている腰を更に曲げて、竿も折れよとばかり曲がり、今にも海へ引き込まれそうな格好でいる。随分大きな魚が掛かったなと思って見に行った。竿が一定方向にグッグッと曲がり、魚にしては妙な引き方だなと見ていると、やっと糸を手に取ったオジは用心深く手繰り寄せた。獲物が水面に現れて来たが、何かやけに白っぽく、水を吐き出している。大きなイカである。腹の水を噴き出しては逃走しようとするが、オジはその度に糸を繰り出し、また用心深く手繰り寄せる。イカも力尽きたか、長い触手をだらりとさせて力弱く水を吐き出している。オジは指先に力を入れてソロリソロリと引き上げだした。海面から三メートル程引き上げるのだが、オジの指に糸が食い込んでいる。大きい上に腹に海水を入れ込んでいるから重いはずだ。上がった。イカは桟橋に転がった瞬間、水と一緒に墨を吐き出した。シュッシュッ、グェッ、真っ黒い墨が五～六メートル飛び散った。オジは入れ歯だろうが、白い歯を見せてホッホッと笑った。私は、イカを釣るのをこの時初めて見た。私もイカを釣るぞ！　イカの刺し身を食うぞ！　イカの寿司も食うのだ！

翌日オジを訪ねて道具を見せてくれと頼んだ。オジはニッと笑って棚から木箱を下ろし、中を見せてくれた。何か魚のようなエビのような、あまり奇麗な感じではないが妙に気迫の籠ったものを見た。工芸品としては荒々しく、道具としては随分工芸的である。今にして思えば、その餌木は正にダイキチオジそのものであった。オジは制作過程についてはたいして語らず、私も別に聞く気はなかった。ただこれはクサギ、これはアマギ、月のクレーターのように尻にぽっかり大きな穴が開いているのは、イカに噛まれた跡だという具合である。そして急に真面目な表情をして「キブネさん、イカは真白な魚や真赤な魚が好きですよ」と言うなりニッと笑うのである。引き出しから何やら探し出していたが、私に見せてくれたのはうす黒い小指大の歪な真珠だ。話は餌木から外れてアラフラ海の住民になっていた。

「キブネさん、原住民からバナナを買ったらその場で金を払ってはいけませんよ。ドサッと置いてさっさと行ってしまう。あんな重い房担いで行くわけにはいきませんよ」と忠告する。私が木曜島まで出向いて行くことがあるかどうか分からないが、その時はそうしよう。

オジは北はベーリング海から、南はアラフラ海まで七つの海を股にかけた男で、またなかなか美食家であるようだ。我が家は金はないが何故かコーヒー豆だけはどっさりある。女房がパンを焼いたので豆を挽いて昼食にしようと思っていたところ、ひょっこりオジが出向いて来た。

「今日は奥さん、お邪魔ではありませんかな」。島でそんな挨拶をする人間は外にいない。「よお、茶はあっとか」「なんかよかもんはなかけ」といった具合である。オジの挨拶に女房はぽっと顔を赤らめている。オジはなれなれしいのを好まない。我が家に出向いて来るのも稀である。島民は大抵オジを嫌っている。オジはパンを一口頬張り、山羊のようにズーッとコーヒーを吸い飲む。「奥さん、ウチのバアさんにパンの焼き方を教えて戴けませんかな」

　乾燥している木なら手当たり次第削った。ガジュマル、アコウ、フヨウ、チョウセンアサガオ、杉、屋久杉、イチョウ、カシ、松、名も分からぬそこいらに転がっている木々。たまに行く人夫仕事も放ったらかして削り、彫り、焼き、鉤は釘を曲げてヤスリを掛けて作った。女房はそんな私を見て顔をしかめる。女房に見付からないよう物陰で木を削る。女房が来ると別の物陰に身を潜めまた削る。それからというもの夕刻になると必ず桟橋にオジと私が並んで竿を出している。私の餌木には全く抱き付かない。必ずオジの餌木に食いつく。ずっとそれが続いた。オジが竿を上げて餌木を調べる時、それをチラッチラッと盗み見る。オジがイカを釣り上げて餌木をイカから離す時、イカなぞ見ないで餌木ばかり見ている。何故こうも違うのだろうか。オジは暗くなる前には竿を上げ、イカを手にサッサと帰る。さあ、余計なオジもいなくなった、必ずイカを釣るぞ。三時間粘ってもイカは来ない。腹を空かして手ぶらで帰っても、女房は当然な顔をしている。私にイカなぞ釣れるわけがないと思っている。たまにイカを手に下げて戻ると、ダイキチさんは大漁だったのと聞く。その通りである。

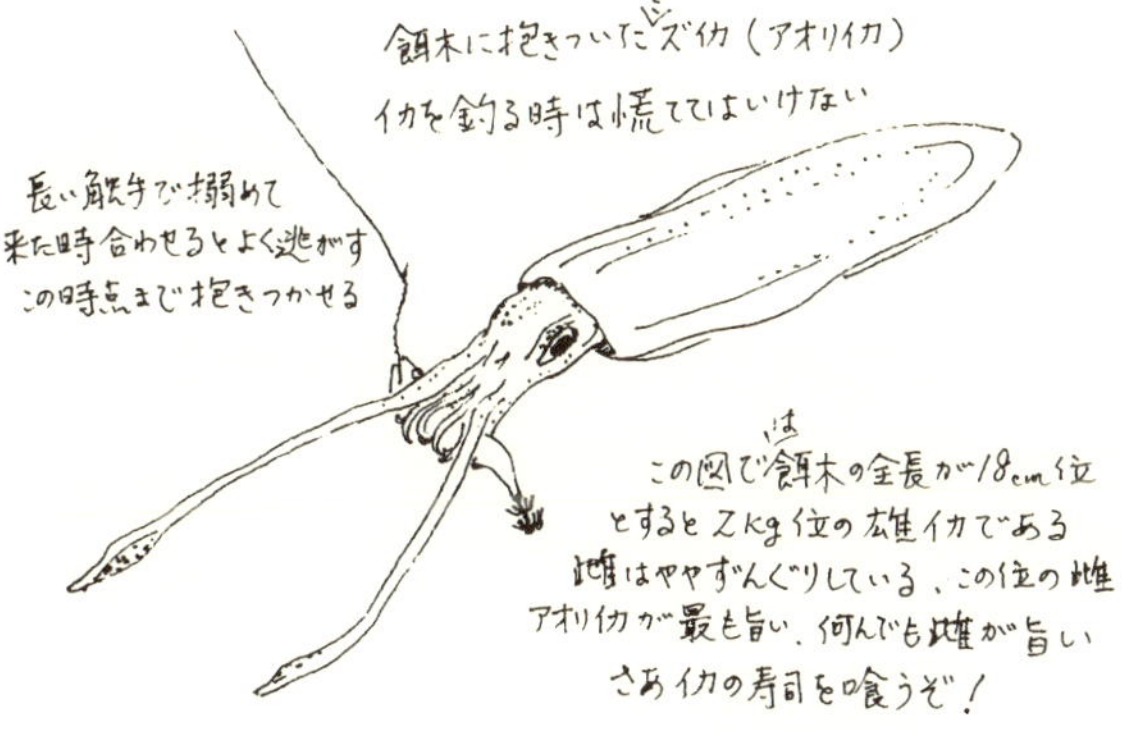

　餌木作りの精進のかいがあって、オジがいなければイカが捕れるようになった。大きくはないが最初のイカを釣り上げた時は体が震えた。ある日削る木がなくなり、流木なら乾燥していると遅れ馳せながら思いつつい

た。クロダガセという、流木が沢山寄り集まるゴロ石ばかりの浜がある。そこで太いくせにやけに軽いものがあった。持ち帰り鉈で割って見ると、白っぽい灰色で木目はラワンのようである。非常にキラキラする。これはいける！と思った。削るとバルサ材のように軟らかい。入念に風呂の熾《おき》で、こんがりと背を焼いた。この頃では餌木作りはかなり手慣れていた。目玉がないので女房の真珠のネックレスから二個抜き取り、分からないように繋いでおいた。沢山繋がっているのだから、二個ぐらい分からないだろうと思ったのだがやはり分かるらしい、こっぴどく叱られた。

さあ、今日はオジの目の前でイカを上げてやるぞ！　十五分くらい竿を上げ下げしただろうか、コツンと衝撃があった。来た！　慌てるな。二呼吸程間を置いてグッと竿を上げた。グニャッと根元から竿がしなった。岩を引っ掛けたようである。一瞬の後ゴーと竿が唸り、竿と糸が一本になってしまった。小学生くらいなら海に落ちただろう。私は用心深い方である。糸は皆より太いものを使う。二十号の糸を付けているが、それでも切れると思った。竿と糸が一本になる状態が幾度も続いた。

ダイキチオジの目の前で、イカを釣り上げる夢が実現したのである。もの凄い墨の量だ。栈橋が真っ黒になってしまった。私は、手はブルブル、膝はガクガク、声は上ずり、オジもイカは見飽きているだろうに感心して眺めている。そうだ、もう一匹いる！　大きいイカは必ず二匹連れ添っている。これは雌だ、雄は絶対に逃げない。オジも私も慌てて竿をしゃくり出した。二十秒もしゃくっただろうか、わけも分からぬうちに竿と糸が一本になっていた。二匹目の雄も釣り上げた。イカは私の餌木を選んだのである。オジは別に悔しそうな風もなく、私の餌木をフムフムと眺めていた。そして例の白い歯を見せてニッと笑い「私の餌木もそろそろ点検しなおさんといけませんな」と言って手ぶらで帰っていった。

オジはその後、あまり栈橋に顔を見せなくなった。二年程してからであろうか、鹿児島の病院で食道ガンのため亡くなった。骨が帰り、葬式を済ませ、湾を見下ろす墓地にオジは葬られた。島の風習で、その上に木で造った小さな館を据えるのだが、バアちゃんから頼まれて、その扉に墨で、船出するダイキチオジの姿を拙い筆で描いた。

ワーが死んだ

昨日ワーが死んだ。いや殺されたと言った方が正しいだろう。ワーは全体黒毛であるが鼻周りと四つ足が白毛で、白い鼻の下はチャップリンの髭よろしく黒毛で、秤りに乗せると六キロもある眼の丸い雄猫である。私の長女が北海道の演劇塾に在塾していた時先輩から引き継いで飼っていたが、二年前卒塾するに当たりこの口永良部島まで連れてきて置き去ったのである。ワーは北海道ではロクと呼ばれていたが、ロクロクと呼ぶと、私たちが飼っている黒犬クロが自分を呼んでいるのかと勘違いするので、ロクはワーと妙な鳴き方をするので、私たちはワーと呼ぶことにした。

C《シー》調 クロの顔
この図では思慮、深そうに見える
こういう顔に騙されてはいけない

ワーを引き取った頃は長女を除いて私と妻、長男、次女の四人暮らしで、犬のクロ、猫のゴン、ギー、マガリ、ピトと共に、島で最も大きい集落本村の外れにある白蟻に食われて電柱で補強しなければペシャッとゆきそうな家を借りて住んでいた。私たちはこの島へ移り住む前は兵庫県の川西市に住んでいたが、犬と四匹の猫はいずれもそちらで拾った。クロは誰か飼っていたのであろう、首輪をしてだいぶ大きくなっており、転勤時期であったからきっと邪魔になって捨てられたのであろう。臆病で水が嫌いで猫を目の敵にしているが、内の猫共が他の猫と喧嘩をしていると助

ギーの肖像

けに馳せ参じるC調な雌犬である。ゴンは少し母猫に育てられたらしく体が確りしていて、狩りの上手な、山猫になっても生きてゆける雌猫で、もう十歳を過ぎた婆さんである。たまに名を呼ばず婆さんと呼び掛けると、プッと鼻の辺りを四角くして不機嫌になるのである。ギーは全身蚤にたかられて小指程の太さの首でカタカタ震えながら、お地蔵の前でギーギーと鳴いていた雌猫で、連れ戻って風呂の湯で洗ってやると洗面器の湯が蚤で真っ黒になってしまった。このギーは歯茎が弱って固い物を食べられず、最近とみに足腰も弱って内の猫共の中で一番先に昇天しそうだが、しぶとく生きており先にワーが逝ってしまった。マガリとピトは雄の子猫と共に、三匹一緒にダンボール箱に入れられ捨てられていたが、雄の子猫は近所の人に貰われ、この姉妹猫が私たちの手許に残された。姉妹共に三毛で、よく舐め合うくせにしょっちゅう喧嘩をしている。マガリは根元四分の一を残してぶっちぎられ、金床でくの字に曲げられたような尻尾から名を付けたのだが、どこかボルトが一本抜けているようで、猫生《にゃんせい》にまた人に対して淡白で、眼は大きくアーモンド型をしているが雌でも雄でもないような顔をしている。キャットフードしか食わず年中皮膚病を起こし、唯一マーガリンが好きでマガリも訛り、別名マーガリンとも呼ばれている。ピトは今はそうでもなくなったが、子猫の時はやたら人にピトピトペトペトする猫で、私たちから軽蔑される時はベトベトと呼ばれる。形の良い長い尻尾を持ち、美猫《にゃん》顔であるが性格はどこか陰湿で、その美猫顔に恨みがましい小雛を寄せる時、全く女という奴はと思わせる。こんな風に言うと、何を下らない、女は太陽であり月であり海であり、男の方が余程恨みがましく男々《メメ》しいではないか、と憤慨される女性《カタ》もおられると思うが全くその通り。これは私の歪んだ女性観であり、人でも猫でも魚でも雌は同じに見える私は、このような固定観念が抜けずにいる。

計画しているユース・ホステルの基礎工事で、独立基礎のドラム缶据え付けを完了してやれやれと我が家に戻ったところ、薄暗くなっているのに電灯を点さずどうしたのかと点してみると、土間の上がり框に腰を下ろしていた女房の顔が歪み、ワーが死んだとワッと泣き出した。一瞬私の脳裏に数人の島の男の顔が浮かんだ。殺られたと直覚した。膝にワーを抱いて泣く泣く女房が語るには、もがき苦しんでついさっき息を引きとった、どこにも外傷はない、毒餌を食べたんだ、吐き出させようとしたがもう手後れだったと。

猫は自然と体が弱って死が近づくと、人知れぬ所で死に就く。こんなことをした奴は誰だ！

私は特に動物好きというわけではない。むしろ動物とあまり関係を持ちたくないと思う方だ。身の周りにいなくてもよいし、いたらいたで構わない。知らん振りしていればよい。
このワーには私なりに責任がある。北海道からこの島に連れて来られたワーは新しい環境に戸惑い近くの小屋に隠れていたが、空腹と人恋しさもあって我が家に住み暮らすようになった。そして雌猫四匹の中で最も強いゴンと反目し追い回すようになった。カーブミラーにゴンの姿を認め、その位置に誤またず突進するという機知を持っている。ゴンは不意を衝かれるのを恐れよく家を空けるようになり、二カ月も山中をさまよっていることがあった。困ったものだと思っていると、近くに住む学校の先生がワーをえらく気に入り、来れば食べ物を与え話し掛けているうちにワーもえらく先生とその声が気に入り、先生の住んでいる教員住宅も気に入り、そこに住み付いてしまった。先生の宅で先生とワーに接待を受けながら、勿怪《もっけ》の幸いと私は喜ん

だのである。
　それからの二年間、先生に食べ物を貰いに来るキン太という、これもやはり顔と体格のでかい野良公としょっちゅう捻り声を挙げながらも、ワーは己が居場所を守り暮らしていた。しかし先生は退職して鹿児島に戻ることとなり、鹿児島でも雄猫を飼っておりワーを連れては戻れない。その頃私たちは白蟻で崩壊寸前の本村の借家を脱出して、歩いて十五分程離れた前田集落にある台風で半壊した廃屋を修理増築して住んでいた。先生が島を後にしたその日ワーを我が家に運んだ。三日程いただろうか、何か考え込んでいる。猫も考え込むのである。ははあ先生と家のことを考えているな、いなくなったと思ったらやはり先生の家の前にいた。また連れ戻るがまた先生の家の前にいる。これを何度か繰り返した。
　先生の家は公民館の前に在り、当時私は公民館長を務めており、雨が降る日もあって公民館でワーに餌を与えた。朝公民館に出勤すると、ワーがどこからか出て来て私を迎える。私はワーに、館長お早うございます、と挨拶する。事務室で事務を執っていると机の上に乗って来る。館長、邪魔をしないで頂きたいと下ろす。館内を私が歩き回ると、どこにでも付いて回り、トイレにも付いて来る。館長、引っ掛からないようにご注意下さい。そうでないと、館長さんを抱き上げる気もしませんからね。私が何か言うとワーと言う。私が公民館長を辞めた後、ワーの教員住宅を広島大学の学生が借りることとなり、またワーの居場所が出来たなと喜んでいたが、とうとう毒餌を

ネコだらけ
ピト
ゴン
イタリアーノ
スス
ネコ共はよく娘の寝台を占領する
御陰で娘はネコアレルギーを起こして
しょっちゅう鼻をぐすぐす いわしている

食ってしまった。キン太や数匹の雌野良公も既に姿を消していた。学生がワーの様子が変だと前田まで知らせに来て、女房が連れ戻り、獣医に処置を仰いだが手後れであった。ワーは死んだ。この手を使う島人は、口許に歪んだ薄笑いを浮べて、御馳走すればよかとよと言う。ワーは御馳走されたのである。

私のように毒餌が原因だと断定し憤慨するのを、本当のところは分からないしねと心配して呉れる人もいる。

確かに人にあらぬ疑いを懸けるはよくない。優しい心根を持つ人は概して争うことを好まぬものである。自己の問題として解決しようとする。そして耐えようとする。しかし正しく優しい心根の人たちよ、戦う勇気を持たねばならぬ。自身を守るためではなく生きとし生けるものたちのためにだ。私は人に嫌疑を懸けようとしているのではない。事実島では猫を毛嫌いし、野良猫が増えてかなわない、毒餌を仕掛けるのは当然だ、と思う人は多い。そして幾度も毒餌は仕掛けられている。猫は油断していると食卓を食い散らし、天井裏に隠れて仔を産んだり、なかにはそこで死んだりす

陽陰のガビ
他の雄ネコを寄せつけない
我が家では頼もしい雄ネコ
島の他処の家の冷蔵庫の裏に
怪我して油と埃でガビガビになって
隠れていた仔ネコの時保護した

るのもいる。夜中喧嘩をしては唸り声を挙げ寝かしても呉れない。糞《くそ》っ、ふん掴まえて海に放り込んでやる！　むかっ腹が立つのは尤もだ。しかし、「よし毒餌を仕掛けて退治してやろう！」というのは間違っている。聖者のように何があろうとニッコリ微笑んでおればよいとは言わない。腹を立てそこらの物を投げつけ悪態をついて追っ払えばよい。しかし、して良いことと悪いことがある。毒餌を仕掛けることはしてはいけないことなのだ。皆生きているのだ。人間だけが快適に暮らそうと思うのは虫が良過ぎるというものだ。野良公が増えたら、いったいどこまで増えるのか辛抱して見ておればいい。辛抱するのだ。猫が悪さをしていたら、ねえもう少し大人しくして貰えないかねえと、声を掛けるくらいの人間になって死にたいものだ。人は他の生物と違って、ただ生き死ぬものではなく、あらゆるものに感謝して生き死に臨む義務があるのだ。

今私は戦うために生まれついたと思っている。槍を銃を持って戦うつもりはない。私の戦いは天使の側に立つ戦いだ。生きとし生けるものを害う人間と戦うつもりだ。それじゃあお前は生きているものを殺し肉は食わないのかと幼稚なことを言う人もいるかと思うが、私は刺し身など大好物である、獣肉も旨いしなんでも食う。酒があれば言うことないね。人は生きものを殺しそれを食うためには、それをしてもよい暮らしの努力をしなければならない。魚を釣って食うためには防腐剤入りの餌を買って釣るのではなく、自分でアマメ（舟虫）などを捕って餌の工夫をし、なるべく糸を切られないよう糸を太くし、必要な量だけ捕ることを心掛けなければならない。店に行けば牛肉、豚肉、羊肉、鶏肉なんでも売っている。二十も三十も罠を仕掛け、自ら仕掛けた所も忘れて掛かった鹿は腐れているではないか。そんな人間に鹿肉を食う資格があると言うのか。生きとし生けるものを殺し己の糧とするには、人としての儀礼を尽くさねばならない。そしてそれを喜んで食い、生きとし生けるものに感謝しなければならない。私たち人間は今、現代社会の中で萎えてしまった古い魂を再び甦らさなければならない。そのためには安易安楽な暮らしを追求することを節制し、一歩後退する覚悟を持たねばならない。

ワーよ、無念であったろう。いや無念などと思わず、ただただ苦しかったろう。お前は毒餌など食わなければ、陽を浴び、雨を避け、どこかの魚を盗み、バッタやトカゲをなぶり、何も為さずに生き、どこかでひっそり死んだであろうに。太陽はお前たち無辜なる生きとし生けるものを照らし、そしてお前たちのその魂から増々燃え盛る意志を受け取るのだ。

今日、ユース・ホステルの用地に植えたマンゴーの苗木の横にワーを埋めた。その上に石を置いて、女房が摘んだ一輪の芙蓉の花を供えた。ワーよ、大柄なお前にはこの大柄な花が良く似合うよ。死ぬとどこへ行くのか私は知らないが、私が死んだらワー、お前をどこかで見掛けるだろうか。（ユース・ホステル建設中）

口永良部島を発見する

私たち家族はこの島に移り住んで足掛け十三年になる。我が家を訪れる人たちは大概、どうしてこの島で暮らそうと思ったのですかと尋ねる。彼らが知りたいのは、ごまんとある島の中で何故口永良部島なのか、どんな動機があって都市暮らしを捨てて島暮らしなのか、であろう。（プロローグでも大まかに書いていて、重複する部分もあるが、じっくり振り返りたい）

私は田舎暮らしを企て地図をよく眺めはしたが、ついぞ島なるものは思いつきもしなかった。北海道を手初めにあちこち見て回り、鹿児島へ来て海に突き当たった。そこでやっと島というものがあると気付いた。

さて地図を開いて、トカラ列島が一等好ましく思えた。あちこち田舎なるものを見て私は全くうんざりしていた。私は何を求めていたのだろう。とにかくどんづまりに行きたかった。そこでじっとしていたかった。私独りなら都市の中でも自ら辺地を作りそこに籠っていただろうが、私には妻子があった。都市に暮らしていても、とどのつまりはルンペン暮らし。どこに暮らそうとも不安など芥子の粒ほどもなかった。

トカラ列島の諏訪之瀬島にヒッピーさんたちが住んでいると聞かされた。私はヒッピーとは如何なるものかよく知らなかった。口永良部島に住んで何人かの自称ヒッピーさんがやって来たが、妙な手合いもいるが私には大概の人たちよりはまともに見えた。しかし私は群れるのを好まない。とにかく諏訪之瀬島へ行ってどんな暮らし振りか見てみよう。

十島丸というフェリーに乗るのだが、出航したばかりで一週間先でないと戻って来ないという。屋久島へは毎日出ているとのことで、十一月初旬だが暑いくらいの日差しを受けて穏やかな海を屋久島へ向かった。屋久島は初め小さく見えたが近づくにつれて大きさを増し、峨々たる山並みを連らね、黒々とした樹々に覆われた呆れる程大きな島であった。着いた。訳も分からず歩き出した。広いアスファルト道路、ブッ飛ばす車、土産物屋、一キロも歩いただろうか、ボーリング場があった。そこで私は回れ右をして桟橋へ戻ることにした。私の住む所ではない。

乗って来たフェリーの手前に、船体の下半分が朱色の小さな船が停まっていた。後で知ったのだが五〇トンの船で太陽丸という。口永良部—島間と表示してある。船員に尋ねると今から口永良部へ行くという。私は乗り物に弱い。小学生の頃遠足が憂鬱の種であった。歩けばよいのにバスに乗る。一日中だ。皆ワイワイガヤガヤキョロキョロ、チューインガムとキャラメルで口は動きっぱなしだ。船室に入ると油とペンキの臭いで気分が悪くなる。船尾に積んである荷物の横に腰掛ける。峨々たる屋久島を左手に、太陽丸はそれこそトロトロと進む。エンジンはボンボンと騒がしく、この船はどんな凪の日でも揺れるに違いない。

一時間も走っただろうか、前方は操舵室で遮られ動けば気分が悪くなるので分からなかったが、右手に島影が見え出した。まるっきり無人島みたいだ。近づくにつれてその観は増々強くなった。何か古老のインディアンが海に浮かんでいるようで、不思議に懐かしい気がした。島を覆う緑は歩けばフカフカと気持ちの良い絨毯のようで、山頂は岩肌を見せている。私はこの島が火山島であることを知った。

私たちは当時東京国立市に住んでいた。私と妻、長女、長男の四人暮らしで妻は次女を懐妊していた。長女のぬい子は三歳を過ぎて活発に動き回り、私たちが住む露地裏長屋からたいして交通量はないとはいえ、通りに飛び出すのをヒヤヒヤしながら暮らしていた。長屋の横手には小さな公園があるのだが、そこは安心して子供を遊ばせておけるような代物ではなかった。すぐ近くに一橋大学があって、その中でやっと安心して子供を遊ばせることが出来た。大きな大学ではないが、構内のあまり手入れされていない樹木やグラウンドは私たちにとってホッと息のつける憩いの場であった。大学の縁周りには大きなニセアカシアが植わっていたが、ある日電線に触るという理由で、かなりのニセアカシアが根元から伐採された。隣家の大きな松は塀を乗り越えて私たちの住む長屋の上に枝を広げていた。私たちはその松が大きな慰めであった。家主は屋根に葉が落ちて困ると隣家に松を切ることを申し入れた。どんな立派な御殿でもそこに生える松ほどの価値もない。私たちは人の身勝手に悲しみを超えて怒りを持った。

私が一時通った大学の駅前に雑居店舗があって、その中にパン屋があった。妻はよくそこへパンの耳を貰いにゆき、それが私たちの主食であった。妻の母はみっともないと嘆き、私を蔑み妻を罵った。妻にとっては苦痛であったろうが、私にとってはそんなことは痛くも痒くもなかった。妻の母はますます私を憎んだ。私たちは若かった。私たちは夢を食べて生きていたのだ。人の世のさまざまな愚かしさを音楽や書物や絵を描くことで覆うことができた。

バッハは天上の調べを奏で、ドストエフスキーは人間の愚昧に虐げられた人々の光明を知らしめ、ピカソは自然に匹敵する人の想像力を具現した。

パン屋のおばさんは、美人ではないが通常とは違う愛らしさがあった。妻がパンの耳を貰いに行くと、亭主の眼を盗みフカフカのパンをサッと耳パンの中に入れ素早く包み、どうもありがとうございますと、たとえようもない笑みを浮かべてそれを妻に手渡すのであった。施しを与えるという感じは全くない。天性の善良さであった。今もおばさんの顔は鮮明である。人は一生を生きても、このような顔に出会うことは希であろうし、気付くこともないであろう。真の力とは人に気付かれることもなく、人の魂に分け入り影響を与えるものである。そしてそれは船やジェット機や電波などに頼ることなく、世界の隅々に伝播する。この世が未だ消滅せずに在るのは、世に埋もれたこのような僅かな人たちがいるからなのだ。この僅かな人たちが、この愚昧なる人の世を一身に背負っている。

私はこのような顔をもう一人知っている。

私が七、八歳の頃、父母と姉兄と私の五人は二軒長屋の一方に住んでいた。一方には末娘は私と同い年であるが上の子たちは皆大きく、子沢山の家族が住んでいた。この家族がいつ隣に住むようになったのか覚えがない。時々その隣の玄関から、松葉杖を突いたお兄さんが出てくるのを目にするようになった。帯を締めて浴衣のような時もあったが、大概は詰め襟の学生服であったから高校生だったかも知れない。私を含め悪童共が五、六人、さて次はどんな悪さをしようかと考えあぐねていると、我が家のお隣さんの玄関が開いてその松葉杖のお兄さんが出て来た。一瞬にして事は決まった。一人がサッと走り寄り片足がある方の杖を蹴り上げ逃走した。お兄さんは暫くぐらっと揺れて、次いでドサッと引っ繰り返ってしまった。次に一人がその杖を思い切り蹴飛ばし逃走した。私も慌てて物陰に身を潜め、息を詰めてお兄さんを見守った。お兄さんは肘で杖に這い寄り、顔を歪めてやっと立ち直った。そしてお兄さんの顔には笑みが浮んでいた。悔しそうな笑みでも悲しそうな笑みでもなく、どう言えばいいのだろうか。

その頃は本当に子供が多かった。上は中学生から下はよちよち歩きの子までが一緒になって遊んでいた。缶蹴り遊びなどすると、動きの鈍い子はとっぷり日の暮れるまで鬼の役をさせられ泣きべそを掻いていた。しかし遊びの術は大きい子から小さい子に確実に引き継がれた。

例の悪童共がまた何か企んでいると、例のお兄さんが玄関から出て来た。今度は杖を蹴飛ばしたりはしなかった。お兄さんの周りを大声を張り上げてピョンピョン飛び跳ね出したのだ。一人は片足がない方のズボンの裾を引っ張ったりした。しかしまた倒そうとしたのではなかった。皆前の悪戯を悔やんでいた。あの笑みは皆の胸に応えたのだ。お兄さんは腋に松葉杖をキュッと挟み、片方の手を一人の悪童の頭に置いた。その悪童の目はくりくりとしていた。そしてその手は私の頭にあった。その笑みと手は本当に優しかった。母の優しさとは違っていた。それからは皆お兄さんが出て来るのを楽しみにした。出て来れば周りを跳ね、頭を撫でて貰いたがった。しかしお兄さんは出て来なくなった。亡くなったのだ。

子供は健忘症である。悪童共はお兄さんのことをすっかり忘れてまた遊び惚けた。きっとあの悪童共は今でも忘れているだろう。私もすっかり忘れていた。妻と一緒になった頃、古本屋でメーテルリンクの「貧者の宝」という文庫本を手にした。メーテルリンクといえば「青い鳥」で有名であるが、私はそれしか知らなかった。この本が珍しく、また安いので買って帰った。その中の「夭逝する運命の子たち」を読んだ時、まざまざとお兄さんが蘇った。この書を読まなかったら今でもお兄さんのことを忘れていたかも知れない。夭逝する運命の子たちは、その運命の下に人の数倍の早さで人生を生きる。お兄さんを思い出さなくてもそれはそれで構わない。お兄さんの魂は悪童共の魂にしっかりと食い込んでいる。今在る私の魂の半分はお兄さんの魂だ。私は恵まれた人間だ。

船は急に進路を変えた。大きな入り江に入り汽笛を二度鳴らした。低い黒い瓦屋根が固まり、小さな桟橋には人が群れている。揺れるのが好きなこの船もおとなしくなった。桟橋の人たちは皆ニコニコして騒がしく、手作業で荷降ろしが始まった。皆見知らぬ人たちばかりでさてどうしたものやら、私はスタスタ歩き出した。集落の中をどう通ったのか今では思い出せない。湾を右手に勾配の強い砂利道を歩いていた。道の両側は白い大きな芙蓉の花が満開で、大樹が海を背景に大仰に枝を伸ばし、葉は黒々と金色に輝いている。少し登ると小学校があった。湾を見下ろす校庭は大きな松に囲われ、可愛い木造校舎は数段高いところにあって、花壇には色とりどりの花が咲いていた。私の子供たちをこの学校に通わせたいな。

小一時間歩いただろうか、丘を過ぎ海辺で道は途切れていた。集落に戻って来ると四角い杭に口永良部出張所とあった。小さなくすんだ木造家屋に入ると、細長いカウンターの向こうに頭の禿げた男性がポツネンと腰掛けていた。「今日は、……この島には空き家がありますでしょうか……」。禿げて眼の小さい日焼けした細長い顔のその人は、暫くポカンと私を眺めていた。それから思い出したように横にある白紙を取って、何やら書き出した。カウンター越しに覗くと、どうやら地図らしい。差し出された紙は十五軒ほどの空き家の地図であった。宿を教えて貰い、礼を述べてそこを出た。

港のある集落は本村といい、瓢箪のちょうど括れた所に当たり、南に面した平坦地でおよそ七、八十戸が固まっていた。その奥は水田が不規則な細い畦で区切られ、美しい景観を見せている。翌日、地図を頼りに数件空き家を

火山島

見て回り次の空き家に向かった。浅い谷間のコンクリートで固められた小道を少し登り、それが途切れた所に石垣と竹で囲われた空き家があった。その石垣の中程に石段があり、それが敷地の入り口であった。両側は大きなガジュマルが生え、石段を登ると小さな庭につづいて土間があった。そこで私はくるっと振り返ると、入り口のガジュマルの枝が互いに交叉してアーチになっており、その中にまるで絵葉書さながらに火山が納まっていた。私たちの住む家はここだ！と思った。

家主はまだ三十歳代の漁師であった。この家を借りたいと申し出ると、よかどと言う。家賃は幾らかと尋ねると、よかどと言う。家主は何かいろいろ私に言ったが、ほとんど何のことか分からなかった。とにかく貸して呉れるようだ。私は住所氏名を紙に書いて渡し、すぐに引っ越して来ると伝えて辞去した。島を後にしたその夜、火山が噴火した。東京に戻ってから新聞でそのことを知ったのだが、妻はその噴火を、私たちが島に移り住むことを歓迎していると解釈したのである。（ユース・ホステル建設中）

東京暮らしのこと

妻と一緒になった頃は冬であった。昔は手鍋下げてと言うが、妻はトースターと僅かな衣類を下げてやって来た。何故トースターであったのか本人も分からないらしい。私たちは広い畑地の中にある兵舎のような古い木造家屋の一室を借りて住んだ。畑地の端を私鉄が通り、たいして響きはしないが、夜の一時過ぎまで定期的にガタガタと鳴った。兵舎は五部屋あり格安の家賃であったが、あまりに淋しく陰気に思えるのか、大概二部屋は空いており、借りている画学生もどこへ行くのか、大抵いなかった。部屋の窓からは栗の木や畑が望まれ、山鳩がクックホーと優しく鳴いた。私は四畳半程の板張りのその室をペンキで真っ白に塗り潰した。

珍しく東京に膝まで埋もれる大雪が降った。朝、窓から入る光はいつになく明るく、外を覗くと冬の関東ローム層の黒土が白銀となり眩い光の中で裸木が黒い縞模様を作っていた。私たちは笑い歓声を上げながら外へ飛び出した。雪の中を転げ回り雪をぶつけ合い駅前まで買い物に出掛けた。食料と一盛りの林檎を買い、また雪の中を二匹の仔犬がじゃれ合うように兵舎に戻った。笑い息を切らし部屋に入ると林檎がなかった。また笑いながら私たちは外に飛び出した。戯れ掻き回した雪の中に、赤い林檎は一つまた一つ、大きな宝石のように顔を覗かせていた。なんと鮮やかであったろうか、私たちは大きく溜め息をついてまた笑った。

何もせず何も要らなかったあの輝かしい日々よ。

妻は身籠り出産が近づいた。費用を工面しなければならない。一時通った大学の道筋に焼き芋屋があった。リヤカーを改造した屋台が五、六台いつも並んでいた。腰が曲がり眼のギョロッとしたいかつい親爺に、仕事をさせて呉れと申し込んだ。明日一日ベテランに付いて回り焼き方売り方を覚え、次の日から一人で売れということである。屋台の貸し料は一日五百円、芋は親爺から借りてその日の売り上げから支払う。小柄だが固肥りでちゃきちゃきの東京弁を話す頬っぺたの赤い元気な御上《おかみ》さんが、週刊誌で包み袋を作っている。三十枚百円であったろうか。薪は仕事帰りに工事現場などから木端を失敬してくるのである。

早朝親爺を訪ねた。飯場に寝泊まりしている数人はもう仕事を始めていた。ベテランは六十過ぎの東北訛りのある男で、抜けた前歯から漏れ出る言葉はほとんどちんぷんかんぷんで、聞き質せばさらに分からなかった。

男は先ずドラム缶を縦切りにした釜の掃除から始め、次に煙突の煤を落とし、火を入れた。釜の中の小石が熱くなるのに小一時間掛かる。その間に芋を洗い、薪を割り、朝飯を掻き込むのである。芋洗いはこうだ。真二つに輪切りしたドラム缶に把手が溶接してあり、中に二〇キロの芋と水を少し入れドラム缶を傾けて左右に揺する。芋がぶつかり合って泥が落ちるわけだ。小石が熱くなると一方に小石を寄せ集め、一方に薄く敷き、その上に洗った芋を少し離しながら配置し、積み上げた小石で芋を埋める。二十分程して被せてある小石を除き、芋を裏返しまた小石を被せる。小一時間で最初の芋が焼き上がった。手前に焼き上げた芋を入れる所が鉄板で仕切ってあり、そこに入れて次の芋を埋めるのである。

さて出発だ。東北男はウンショと足を踏ん張ると重いリヤカーはぎしりと動き出した。街角をゆっくりと回る。片手に持った真鍮の鐘をチリンチリンチリンと鳴らし、石焼き芋〜。後を押す私は恥ずかしかった。ともかく金が要る。客は大概主婦で午前十時頃良く売れた。ベテラン東北男は昼食にラーメンを奢って呉れた。最も良く売れるのはやはり午後三時頃で、土曜、日曜、祭日は良く売れる。焼き芋は順調に売れて夕方六時頃売り切った。売れ行きの悪い日は夜十時、十二時まで粘ることがある。私たちは残った屑芋を頬張りながら親爺の許へ戻った。

昨日覚えた手順でなんとか最初の芋が焼き上がり、私は指定された受け持ち地区へ出発した。さて一人で売らねばならない。チリンチリンチリン、鐘は威勢よく鳴るのだが声が出せない。チリンチリンチリン、えいっ、声を張り上げた、石焼き芋〜、とんでもない調子外れの声であった。きのうはどの家からも奥さんが飛んで出て来るように思えたのに、きょうはおかしい。焼き芋なんぞ用はないみたいに門は固く冷たい。駄目だ、俺には芋なんぞ売れない。チリンチリンチリン。いつしか住宅地を抜けて林の中を引いていた。ああ……全く売れない……。当然だろう。人が全くいないのに誰が買うというのか。最初に焼き上げた芋は皺だらけになり、昼食代わりにその芋を食いながら、我が身を哀れんで私は泣いたよ。

「あらっ芋屋さん珍しい所で焼き芋を売ってるのね」。通りがかった年配の奥さんが皺だらけの芋を三百円も買って呉れた。ありがとうございます……。とっぷり日の暮れるまで屋台を引いたがさっぱり売れず、妻子に持ち帰る分を除いて道端の草むらに皺だらけの芋を捨て、べそ掻きながら親爺の許に帰ったよ。

もう少し売って来ると思っていたらしく、親爺は不機嫌であった。翌日私が姿を現したことは意外であったようだ。御上さんはニコニコと愛想がよく、やはり元気であった。

さあ今日は売ってやるぞ！　チリンチリンチリン、どうもやはり私は淋しい所が好きらしい。また林の中を引い

ている。なんで俺は焼き芋なんぞ売っているんだろう。チリンチリンチリン、俺は実に可哀相な男だ。チリンチリンチリン、おっと何か大きな建物が見える。行ってみよう。人がいなければ流行らない商売だからな。チリンチリンチリン石焼き芋〜。

全く魂消た、建物から数十人ぞろぞろ出て来て私の屋台をぐるっと取り巻いた。皆私をじっと見ている。しかしどうもその視線は普通ではない。両眼が左右に開いている人や真ん中に寄っている人、どこかずれている。それぞれ差し出した掌にはお金が載っているのだが、二十円や五十円で五円玉二個の人もいる。どうやら障害のある人たちの施設に迷い込んだらしい。出たくとも全く取り巻かれている。ともかく私は焼いた。十円でも五十円でもどうでもよかった。皆、辛抱強く待っていた。やっと皆に焼き芋が行き渡って解放された時、正直ほっとしたよ。

売り尽くし、集まった金は僅かであったが嬉しかった。まもなく私はベテランになり、長女の出産費用を貯め、ついでにステレオの代金まで稼いで焼き芋屋をやめた。次いで長男の出産費用を貯めるのは、ベテランにとっては造作ないことであった。

もうこんな所で子供を育てるのは嫌！と妻は顔を歪めて吐き出すように言った。また何かあったらしい。

妻が語るに、「行きつけの八百屋で白菜を買った。一個が買えないので半分欲しいと言うと、おばさんはあいよと半分に切って新聞紙でくるっと包み半額で売って呉れた。……でも包んで呉れた半分は誰が見ても小さい方だったよ」と。

私は、妻が喋り出すと決まって腹がゴロゴロと鳴り便意を催す。妻の慨嘆を推察するといろいろ思い当たる。

その頃私たちは国立市のど真ん中に在る古くて安い裏長屋に住んでいた。一橋大学のすぐ裏手にあって周りは中流の下といった小市民が居を構え、本通りから外れて閑静な一画であるが、音大生が感心しない音をよく響かせている。家主は片手間に詩吟の教授などしながらのんびり暮らしているようで、老夫婦共に一見温和で上品そうな風をしているが、眼は小ずるそうに光る。たまに顔を合わせるとニコニコと愛想は良いが、隣家の松が葉を落として困ると愚痴をこぼす。この家主の庭先を抜けて通りに出ると、それと平行している次の通りへ通じる舗装されていない道がある。その半ばに玉砂利石を敷いた所があって、長女のぬい子がその石で遊んでいた。その前の門が開いて初老の男性が姿を現し、ぬい子に石で遊んではいけないと命じた。ちょうどぬい子の様子を見に出た妻がそれを聞きつけ、子供が道の石で遊んで何がいけないのですかと問うと、教員をしているらしいその初老の男性は、その石は私が敷いたものだと答えたそうである。

乳母車は軽い音を立て長男の森は良く眠っている。後から走って来た乗用車が、どけっとばかりに警笛を鳴らし通り過ぎた。若い母親が運転をし、助手席には白い制帽を被った幼稚園児がちょこんと腰掛けている。妻は悪態を突いて足を蹴り上げたがもちろん届きはしなかった。

暑い夏の日、私たちは自家用二輪車で私が運転手兼エンジンとなり市営プールへいそいそと出掛けた。前に長女を、後に長男を背負った妻を乗せ、前籠には荷物をいっぱい詰め込んで明らかに重量オーバーでぎこぎこと軋り、挨っぽい暑い陽射しの中を十五分程。エンジンは過熱気味だ。やれやれ着いた。

やけに深《しん》としている。金網の門は閉じられプラスチックの掲示板には、本日光化学スモッグ注意報発令中につき休業いたします、とある。長男を背負った妻は金網を蹴って、やい開けろ!光化学スモッグ出さない人は泳がせ

やい，開けろ！光化学スモッグ出さない人は
泳がせろ！

ろ！と悪態を突いた。

妻は一見可愛く見える女であるが、事と場合によっては非常に過激で柄が悪くなる。長女のぬい子は人生とは暗いものだと納得した風な顔をしている。汗と挨にまみれて、また私たちは惨めな気持ちで長屋に戻った。

私が出掛けて留守の時子供たちは昼寝をし、妻は台所にしゃがみ込んで新聞を読んでいた。何か気配がするので開け放したドアに目をやると指が見える。妻はギョッとして動けず目を剥いていると、そろっと髪が出て次に二つの眼が出てきた。二人の目が合ったとたん覗き男は脱兎のごとく逃走した。妻はどんな叫び声を上げたのか男を追いかけ通りに飛び出した。姿はなく、なお暫くそこで妻は目を光らせていると、生け垣の繁みから若い男がこっそりと出て来た。男は妻に気付かず何食わぬ顔で歩き出し妻はそっと後を付けた。その男は近所の家に入った。その家にはやはり若い奥さんが乳飲み児を抱えて暮らしている。妻はこりゃ大変だ。ベルを押して奥さんを呼び出した。かくかくしかじか、その男は貴女の家に入りましたよ。奥さんは当惑した顔で、その人は内に間借りしている一橋大学の院生で非常に真面目な方ですよと語ったそうである。

以来妻は、真面目な大学院生は全て鬱屈した覗き男と決め付けている。

ある日、私はパチンコプロに成ると妻に宣言した。一週間のうち三日は軍艦マーチのリズムに身を合わせ手指を使って金を稼ぎ、四日は絵を描き本を読もうという計画である。

それを聞いた妻は戦慄した。

パチンコ屋のないこの口永良部島は妻を安堵させたようである。

明日への道

「明日への道」これは上屋久町が口永良部島の活性化対策に用いた名称である。

平成七年八月四日、「新たなる活性化への道を考える口永良部島シンポジウム」が夕刻六時半より島の学校体育館に於いて催された。出席者は中学校生徒を含め島民七十余人、島外から約三十人と近年例のない大集会となった。島外からの出席者は町長をはじめ町職員十余人、町議会議長及び議員五人、大学教授三人、県職員一人、行政官二人、新聞記者一人である。

シンポジウムは町長と町議会議長の挨拶につづいて鹿児島経済大学の高橋良宣教授による基調講演の後パネルディスカッションが開かれた。高橋教授は口永良部島の振興策定を上屋久町より依頼され幾度か島を訪ねられ私も面識がある。パネリストは大学教授三人、県離島振興課長、熊本営林局自然遺産保全調整官、国立公園屋久島管理官及び地元代表一人という顔触れである。

どのようなディスカッションであったか読者の方々にどう伝えたらよいのか、私にはどうももやもやしたもので、おざなりな感じがした。しかし高橋教授の基調講演の中で、島民の生活安定を目指すか、生産活動の基盤と条件を目指すか、いずれを選択するにせよ皆さんの覚悟が必要であるという意味の言葉が印象に残っている。

一時間程のパネルディスカッションの後、三十分程質疑応答がなされた。質問者はあらかじめ内容と応答願いたいパネリストを前以て知らせて欲しいと町から要請があり、質問希望者は四人であった。

さて一番前列に腰掛けた私は真っ先に質問した。

内容は四つであったが、最初の質問内容が私にとって口永良部島にとって最も大事であった。その表題は「松毛虫防除薬剤空中散布について」である。常日頃思っていることをすらすら質問出来ればよいのだが、いざとなると何を質問しようとしていたのか訳が分からなくなる。そこで急きょ質問内容を作文し読み上げることにした。今読み返してみると赤面せざるを得ないのだが、取り繕ったとて致仕方ない、次の通りである。

「先ず松毛虫防除薬剤空中散布について生態学を専門とされる田川先生にご意見を伺いたいと思います。今年六月でありましたか町職員の出向により口永良部本村地区松毛虫防除の説明会があり、結果として島内多数の要望により今年九月か十月町単独でヘリコプターによる薬剤空中散布が行われることになりました。過去十年近く空中散布が実施され、数年中止された後、また今年から再開されることになりました。町へ過去十年にわたる空中散布の追跡調査結果等の説明を求めましたが、説明会に於いては鹿児島県が作成したかなり古い資料を手渡され、充分な説明を受けたとは思えません。散布された薬剤は土に含まれた水や樹々の根周りに貯えられた水と一緒に染み出し、川となり湧水となって飲料水になり海に流れ込みます。水源を避ければ飲料水に問題はないのでしょうか。海への流入による魚貝や他の生物への影響はどうなのでしょうか。松毛虫以外の生物への影響はどうなのでしょうか。松枯れを起こしている地域と起こさない地域があるのはどういうことでしょうか。実生からどんどん若い松が育っています。薬剤空中散布は正しい方法と言えるのでしょうか。

空中散布を望まれる方々も農薬は体に悪いぞということは知っておられます。自ら食べる野菜には薬を振らない方もおられます。しかし松は食べる訳ではないし、枯れてゆく松を前に、それを伐り出し材や燃料としその後を植樹してゆく余力はないし、空中散布に頼りたいというのが本音であろうかと思います。しかし私には、それはあまりにも安易な方法であり考え方であると思われてなりません。私たちを含めてこれからの若い世代の人たちは薬剤に頼らず、また杉や松の経済性を考えるだけではなく、その地に適した広葉樹等を認識し、杉や松の適地を認識し、樹木豊かな島造りを目指さなくてはならないと思います。これからの若い人たちは薬剤に頼らずどんどん植樹してゆくべきではないでしょうか」

その他の三つは、質問に乗じて私が常日頃考えていることを盛り込もうとしたもので、赤面どころではないので割愛させていただく。最後に質問ではなく出席した島民に訴えた。次の通りである。

「最後にこれは質問ではなく今日出席された皆さんに聞いて頂きたいのですが、私はこの口永良部島は本当に可能性に満ちた島だと思っています。この島が離島であることは大きな強みであり非常に恵まれたことなのです。このことを子や孫に伝えねばなりません。この島を支えて来られたお年寄りの方々は、戦争や物資の乏しい厳しい時代を生き一重《ひとえ》に豊かな暮らしを追求されて来ました。お陰で私たち若い世代の人たちは、豊かな物資に恵まれ不足のない暮らしを送っています。しかしその豊かさの反面には、地球規模の環境汚染があり、後進国と言われる国々の人たちは、飢えや国土の荒廃により悲惨な状況に置かれています。私たちは既に、己れの利益を追求する前に地球自体を考えなければならない時代に入っています。子や孫の代にはもっと深刻な事態になるでしょう。これからの私たちは、子や孫やもっと未来の子供たちのことを思い遣り、この島を世界を害わないようにしなければなりません。薬剤に頼るようなことをせず、努力してゆける子供たちを育てねばならないのです。そのためには、私たちも努力しなければなりません。正しく誇り高い心を持つ子供たちの声が、島のあちこちで響き渡ることを願います」

私の質問に対する田川教授の応答は次のようなものであった。

「薬剤を使用しても絶滅はあり得ず、それを使うとすれば半永久的に使わざるを得ない。しかしそれには、水質や効果の追跡調査は必須である」

多くの島民は継続して薬剤散布を要望しているが、いくら何でも島のあちこちを薬漬けにするわけにはいかない。

追跡調査結果は町に要求しているが果たされていない。

「空中散布でどのような薬剤が使用されたのか知らないが、最近キノコを使った生物学的駆除法が開発されている。それを試みられてはどうか」

私は僅かではあるが農薬に関する書物を読んだが、キノコを使った駆除法なるものは知らなかった。田川教授は私が質問した以外にこのようなことを話された。

「この島の椎の群生は極めて希なもので、国定公園化が考えられる程の価値がある。現在採石されている地域は椎群生の一地域であり残念である。どうしても採石しなければならないのなら島全体が安山岩であり竹の密生地域とか別の場所を考えられてはどうか」

現在南国砂利有限会社が、本村港の真向かいにある向江浜で砕石採取を行っている。南国砂利は砕石から出る廃土石を隣接する椎群生林に投棄し総合グラウンドを凌ぐ広さを埋め立てている。私が公民館長在任時に口永良部区議会より意見書を提出して表面化し、一時県の指導を受けている。これは一重に県、町、業者、私も含めて島民の自然に対する無知不敬から生じたものである。

お陰で私を嫌う者がさらに増えた。しかし私の小島のような心臓は毛が生え面の皮は厚いから構わないが、私の親しい人たちや妻子は大変であったたろう。仮に砕石現場が竹の密生地であったとしても、この限られた孤島の一部がガリガリとかじり取られるのは心が傷むではないか。そんなことは気にも掛けない島民も多いが、心を傷める島民も多いのである。

この砕石採取は上屋久町が島での雇用促進を図るということで区の同意を取り付け許可したもので、当初八人程度の雇用を見込んだらしいが、現在二人が就業している。雇用促進を図るためとはいえ、あまりにも島の損失が大きいではないか。空中散布と同様あまりにも安易な施策ではないか。仕事を作り出すなら島を害わないものを真剣に考えなければならない。例えば島に三組の若い夫婦が移住して来たとする。どなたかパネリストがおっしゃった。この島も琉球竹の緑の砂漠化が進行している、竹を薙ぎ続けて植樹すべきだと。ではこの三人にやって貰おうではないか。三人の仕事道具は錠と鎌と山鍬だ。三人でゆっくり一年掛ければ相当な地域が植樹出来る。但しその地に適った樹種を選ぶことだ。チェンソーなんぞ使う必要はない。竹の中の雑木はそのまま残せば良いのだから。そしてその労賃は町が県が国が支払うのだ。我々も税金をきちんと納めよう。機械を極力使わず、日本の隅々でこのようなことが行われたら日本は蘇るであろう。そして世界をも蘇らせる力となるであろう。へん！ そんな簡単にゆくものか、と言われるだろう。しかしやってみる価値はあるだろう。行政は正しい理念と勇気を持たねばならぬ。

私に続いてやはり前列に腰を据えた後藤氏が質問した。「行政の島に対する先取り精神の必要性について」で、これは後藤氏が私と焼酎を飲めば常々語ることで、要約すれば、島の一部の口喧しい人たちや業者と町職員の馴れ合いから島に対する行政が動いており、行政の島に対する確りした視点の無さを憂い、行政の精神性を求めたものである。どのパネリストが応答したのか、私にはその答えがどうもよく分からなかった。この後藤氏は私とほぼ同年代で大分県出身、やはり私とほぼ同じ頃この島に移り住んだ。島の女性を嫁に貰い子を成し生業は漁師である。私の最も親しい友人である。お互いに歳を食ったせいかあまり飲めなくなったが、若い頃はよく飲んだ。私は下駄をガラゴロ鳴らし後藤氏はエッサホッサと掛け声を発し、私たちが通ると明かりが素早く消えた。

私の質問が長かったので、結局私と後藤氏が質問しただけで打ち切られてしまった。妻と青年代表も質問予定者で、その他にも質問したい人がいたらしい。

妻は帰るなり私にのたもうた。「お父ちゃんと後藤さんは、もう絶対に前に出てはいけない！ 若い人たちに発言させなさい！ 後ろにいなさい！」。私が質問し出すと何人か出てゆこうとして出口で職員と押し問答があった

私たちは今ユース・ホステルらしきものを立てている。
これは島を訪れる人たちも含めて皆で決して軽薄ではない夢のある島を作るためだ。この図の中央で指揮する男はもちろん迷棟梁である私だ。

そうである。島では何か集会があると後ろの方から席を占めてゆく、そしていつも前はガラガラしている。そのようなことが、私は何か気恥ずかしいのである。私は別に前に出たいのではない。ウジウジコソコソするのは、私は嫌いだ。しかしもう私は前に出ない。頼まれたって出てやらない。後ろで皆を見ててやる。私はすねている。

島の活性化とは何だろうかね。あちこちでイベントを企て村起こしや島起こしをやっている。それもよろしかろう。しかし浮薄であってはならぬ、断じて浮薄であってはならぬ。私たちは死者をも含めこの世の生きとし生けるものの尊厳を思い知らねばならぬ。

ユース・ホステル建設のための資金援助を！

ここまで読んで預ければ、僅かながらもこの島の概念を持って頂けているかと思います。そこで実際に皆さんに来島頂き、この島が日本の中で最後の部類に入る残された島であることを知って欲しいと思います。このことは私たち島に暮らす人間にとって非常に恵まれたことであり、今世界の経済という奔流の中で身を削り取られながらも動くことなく、己が存在を主張する巌のようで在りたいと思います。

この島で最も大事なことは、定期船を大型化したり、街灯を付けたり、というようなことではなく、島に暮らす私たちがこの島が世界の中心であり世界の果てであることを卑小に捉え表現するのではなく、尊大とも言える誇りを以って表現することです。現在島に残る数少ない青年たちが腹の深奥くにその覚悟の臍を固め、その磁力によって人を引き付け感化してゆくことです。

このユース・ホステルくちえらぶは建物が出来次第オープンする予定ですが、決して完成するということはありません。後々のことを考えてあちこち植樹し、島の特産物（自生するシャシャンボのジャム・竹の子・イカ餌木・

風と太陽の塩、思い付いたら何でも）を作り出し、鶏や動物を飼い、米野菜を作り、魚を獲り、貝を捕り、酒を飲み、語り遊び、必要に応じて小屋を建て、新たなものを付け加えてゆきたいと思います。そして孫子の代にはさまざまな大樹に囲まれ夢みる島が実現することを願っています。私たちは島の自然が持つ厳しさと優しさの中で、島の緩やかな時の流れの中で暮らしています。ただの観光にとどまらずこれらのことを勇気ある心優しき皆さんと共に分かち合いたいと思います。

支援下さる方々へ送る宿泊券が出来ましたのでこの紙面をお借りしてお知らせいたします。この宿泊券一枚で大人一人一泊（三食付五千円相当）出来ます。有効期限はなく、他の方に譲っても構いません。支援頂いた金額に相当する数の宿泊券をお送り致します。この宿泊券は丹後半島に在住される和紙作家三宅賢三氏に来島頂き指導を受け、我が家の前の大きなガジュマルの小枝を切りその皮を剥ぎ煮て叩き、失敗しながらやっと漉《す》けるようになった和紙で、版を彫りその両面を刷りました。ユース・ホステルくちえらぶ建設についてのお問い合わせ、また支援下さる方は御一報下さい。

ガジュマル和紙【宿泊券】表面

口永良部島にユース・ホステルを造るぞ！と基礎工事を始めてから一年三カ月が過ぎた。現在合掌の据え付けが完了し、棟と母屋を除いて本体はほぼ組み上がっている。私は今ユース・ホステルを放ったらかして島の神社の瓦を葺いている。この工賃でユース・ホステルの屋根に張る板を買おうという訳だ。小屋ならともかく百坪を超すユース・ホステルだから致仕方ない。早よせんと腐れっど、と島民から叱咤激励されるのだが正直少々息が切れる。雨曝しの電柱と工場を解体して手に入れたくすんだ合掌は組み上がった時か

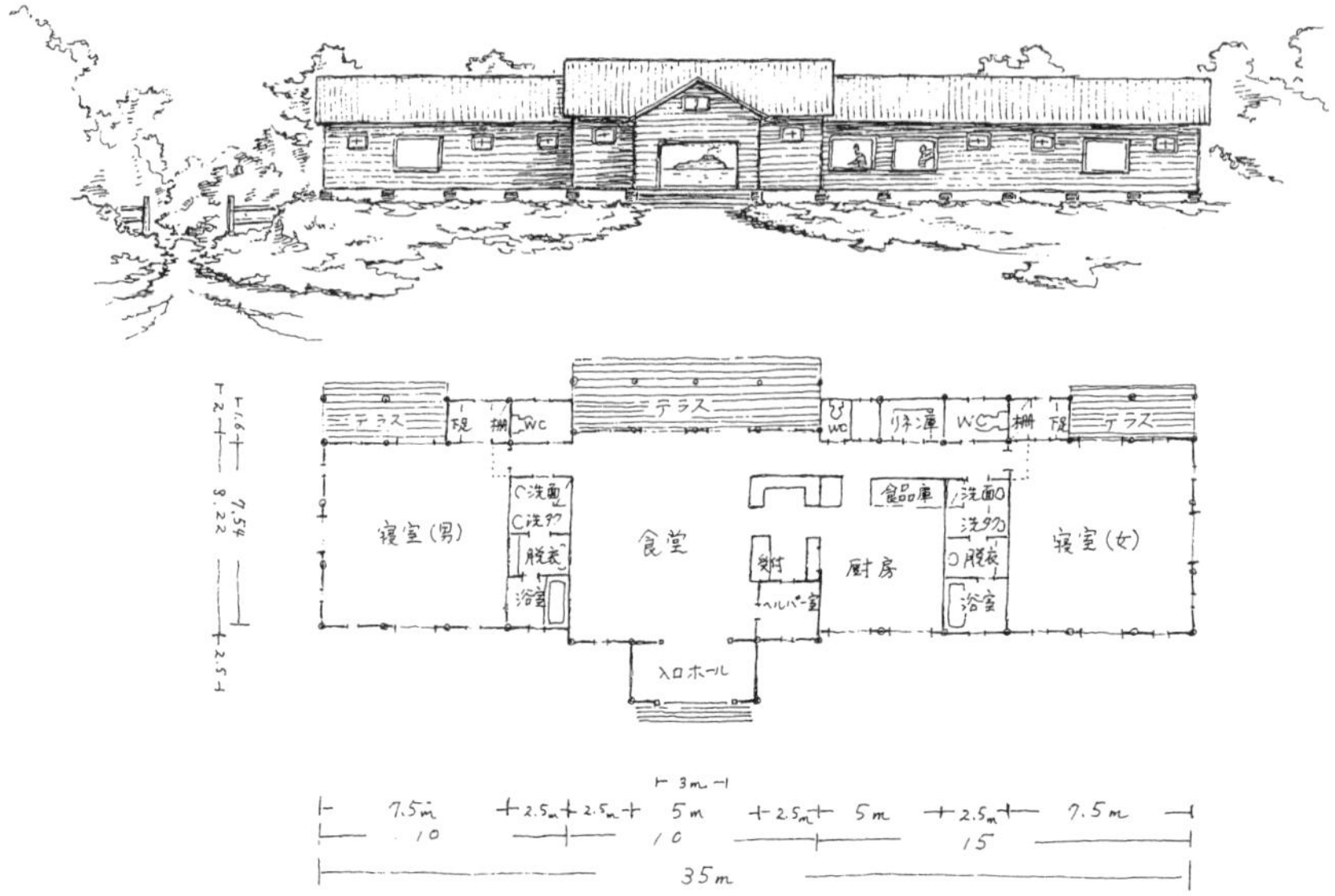

Y･H くちえらぶ　上が正面図。入り口とテラスのガラス戸を開け放つと硫黄島が見える。下は平面間取り図

ら既に廃墟の観を呈している。否、この島を、ユース・ホステルを廃墟にしてはならじ。

建設中の敷地は畑地である。しかも農業振興地のど真ん中ときている。上屋久町農業委員会に出向いて農振地の解除を求めたところ、申請を出しても恐らく無理であろう、しかし以前の開拓家屋が残っておりそれと地続きであるから農家住宅としては認められるだろうと言うことである。よし！　後は野となれ山となれ、建てて壊せと言おうものならピンクのヘルメット（町民体育大会での口永良部島の旗は何故かピンク色なのだ）を被って櫓を組んで狼煙を上げて闘ってやる！

私は基礎工事に着工した。ドラム缶を三十本余り譲って貰い、真二つに切断し底を抜いた。据え付け位置を決め缶より少し広く円を描き三〇センチ程掘り下げてバラスを入れ地固めした。高台からそれを望むと何やら遺跡みたいだ。そこにドラム缶を据えコンクリートを流し込むのだが、これを独立基礎という。

私たちはただの観光客や釣り客相手の宿泊施設を造るつもりはない。ユース・ホステルとして認められるなら全国及び海外にも紹介されメリットが大きいと思うのだが、さまざまな条件から認められないのであれば致仕方ない。農家民宿でも良いし、それも認められないなら、ただの農作業小屋でも構わない。私は勝手に、ここをユース・ホステルくちえらぶと称する。

そんなことはどうでもいいのだ。大事なことは、ここが、この島を日本を世界を論じ、自滅へと突進する人類社会の流れから僅かなりとも外れる拠点となることなのだ。私たちは日本の世界の経済化学工学とやらの流れに身を任せている。私は僅かでもそれから外れたいと思っている。私は自給出来るなどと思ってはいない。それは個人レベルを超えている。しかし僅かなりとも自ら食べる米野菜は自ら作りたいと思う。換金を目的としての農業をしようとは思わないが、自責の念を覚えず楽しく苦しく喜んで出来たものが換金出来ればそれに越したことはない。

以前この島に暮らした時に一度、再び移り住んで二度、深田を借りて米を作った。田を貸して呉れたオジは苗床や脱穀と色々世話を焼いて呉れた。オジが硫安撒いたかと聞くと、化学肥料がどうのこうのと言う気もなく、撒いたと返事をした。オジは私が撒いてもいないのは分かっているのだが、それ以上何も言わなかった。稲の茎は短く刈り取りには雑草と選り分けるのに往生したが、台風が接近してもお陰で倒れず思ったより収穫があった。田植え稲刈りを手伝って呉れた小中学生に分け、敬老の日に皆で食べたら幾らも残らなかったが嬉しかったよ。三度目の米作りには別のオジからも八畝程の二年休耕した草ぼうぼうの田を借りたが、休耕すると如何に草が手強いものかと呆れた。島の田は酷い所は腰まで浸かる深田で耕運機が入らず、三つ又の鍬で田を打ち返し草を泥の中に押し込むのである。この田には私もほとほと草臥れ、我が家に逗留していた北大生にバトンタッチ。彼は途中で投げ出すのは嫌だと言って、一週間かかって打ち返して帰った。今時の若者でもちっとは骨のある奴もいる。作る度にもう止めようかなと思うのだが、その米を食べるとまた来年も作ろうかなと思うのだよ。この往生した田の収穫は肥料も遣らないのにたいしたものであった。

現在、島で米を作っているのはツギオジ一人で、ほとんどの田が草ぼうぼうである。皆老齢で、息子たちもおらずもう作れないのだ。島の若者たちは発電所や工事人夫などでそんなしんどいことは誰もやらない。しかし、毎年田を替えて耕せば、草臥れるが肥料なんか要らないね。米作りの外に私は何故か塩作りに関心があった。我が家を訪れた客人に塩作りをしている友がいる。福岡市から少し離れた小島で風と太陽で塩を作っていると言う。客人に案内されてその島を訪ねたが、生憎塩作りの人は不在であった。設備を見学したがかなり単純で、ものを作るのは努力と工夫でなんとかなると分かった。問題は販路だ。細やかであれこの口永良部島にとって産業になるやも知れぬ、よしやって見よう。まだ先のことだが、製塩業が本格化したらお知らせしよう。

このユース・ホステル建設で最も懸念したのは合掌の据え付けだ。長さ八メートル余り、高さ二メートル足らず、重さは三〇〇キロに近い。さて十五組あるこの合掌を地面から三メートル半程の桁にどうやって据え付けるかだ。港にある大型クレーン車を頼むか。しかしそのためには町道からの入り口を広くせねばならない。それとも業者の大型ユンボを頼むか。しかしそのためには業者との日程、時間を調整し、工事も手早くせねばならない。それでは私たち素人集団では危険だ。労災が適用される訳もなく、瀕死の重傷を負った手伝いさんに、大変だったね、まあビールでも飲んで呉れ、と労をねぎらうくらいが関の山だ。そこでこの方法を採ることにした。長さ八メートル余りの確りした電柱を建物の中央に立て、滑車とロープを使って人力で上げようというわけだ。

島のサトルオジから借りた単純な鉄の滑車を電柱の先端に取り付け、基礎にボルト締めしたやはり電柱の大床にもう一つ滑車を取り付け、ロープを通して合掌の山に結び付けた。さあ準備は整った。皆これで上がるんかいなという顔をしている。とにかくやるしかないだろう。二人は所定の足場で待機している。先ず三人で綱引きよろしくエイサエイサとロープを引いた。三角形をした合掌がむくりと起きはしたがキツイ。十五組の中でも一番軽い合掌である。もう一人が急きょ引き手に加わるとギシリギシリと上がり出した。それ！　ギシリギシリ。

足場の二人が両端をつかみ所定の位置に固定した。合掌の山に細いロープを二本結び、それを両側から引いて垂直に調整するのだが、埼玉からはるばる大工仕事を覚えたいと島に来たキラちゃんという娘っ子は、その一方の

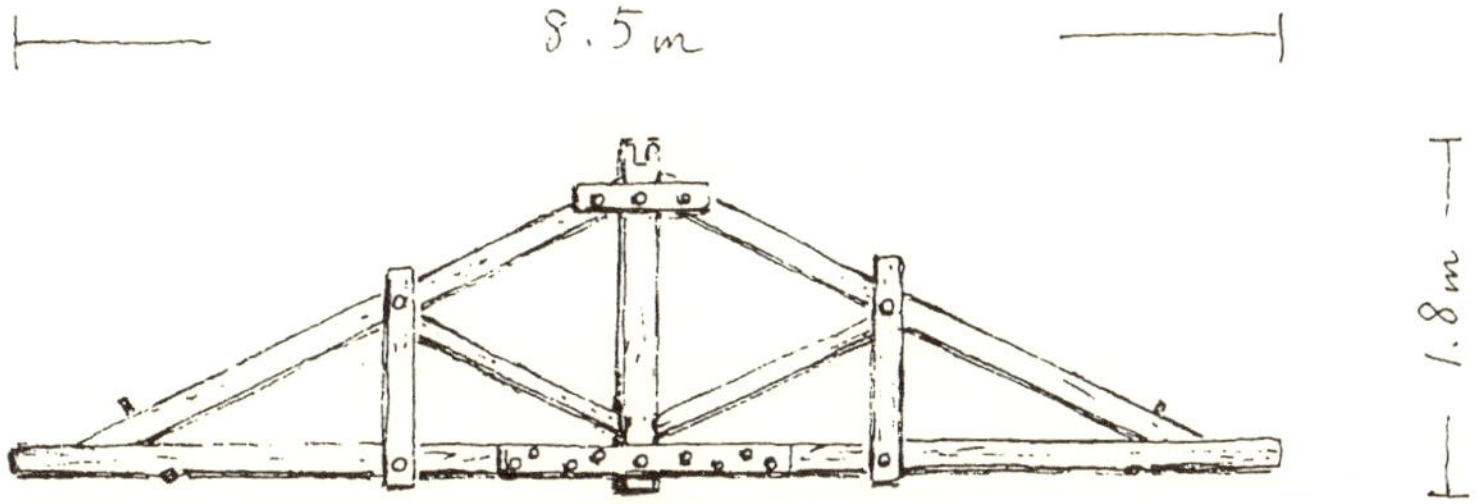

合掌

ロープに緊張した面持ちで引くというよりしがみついている。垂直を確かめ倒れないように固定した。やれやれ先ずひとつ、怪我もなく思った程の難儀もなく取り付けられたと私は嬉しく安堵したのだが、まだ十四組もあると思うのか皆何か神妙な顔付きだ。とにかくやるしかないだろう。次の準備に掛かった。さあまた四人で引くのだと思いきや、誰かが自動車にロープを結び付けている。成る程、文明の利器があるのだ。

私の干支は亥だ。物心ついた頃から亥は猪突盲進で……と言われた。世の中には亥生まれはゴマンといて、まさか皆が皆、猪突盲進でもあるまいにと思うのだが、皆の干支を聞けばそれとなく思い当たる節がある。子ならネズミ、丑なら牛に思えて来るから不思議だ。私の末娘は寅だ。虎にしてはちと軟弱ではあるが確かに虎に違いない。私の女房は、……止めておこう。私は思い込んだらそれしか見えないらしい。

四年前にこの島へ再び移り住むため兵庫県伊丹市にあるレンタカー屋へ電話を入れ、三トン車を借りた。車を運転出来ない私は友人と自転車に乗って車を借りに出掛けた。小雨の降る寒い生憎の天気の中、四十分程かかってレンタカー屋に着いた。金を払い、そのレンタカーに乗って来た自転車を積み込みながらはたと気付いた、なんでここまでタクシーで来なかったのかと。私は大概の所には歩くか自転車で行く。タクシーなんぞ思いつきもしなかった。私の後をひたすら遅れじと付いて来た友人は、何故俺は雨に濡れそぼけて自転車なんぞ漕いでいるんだろうと自問自答したに違いない。

文明の利器を使った合掌上げは順調に進んだ。瀕死の重傷を負う者もなく、最も重い合掌も少し手間取ったが難なく完了した。棟上げは新年明けてからになるだろう。オープンする日を皆さんお楽しみに。

台風

地図を開くと、沖縄の島々から九州へと続く島々はまるで台風の誘導帯のように見える。台風はこの口永良部島辺りまで勢力を保ちながらゆっくりと北上し、急に速度を上げて日本列島を掠めて行く。台風は接近しても中心が東西いずれを通るかで被害を受ける地域や程度が変わる。また、地形によってはほとんど被害を受けない所もある。一方は猛烈な風に曝されているのに島の反対側では魚釣りをしていたりもする。この島では必ず年に数個の台風が接近するが、風速四〇メートルくらいまでなら雨戸を竹で縛りガタガタする壁板を釘で補強すれば、後は焼酎でも飲んで通過するのを待つばかりだ。しかし島の漁師たちは、避難港の整備が未だされておらず、台風の度に船を屋久島の一湊港へ避難させなければならない。残された漁師の妻たちは、その度に金槌と板を手にオロオロするのである。

私たち家族はこの島に十五年程住んでいるが、接近した台風は数多く、その中に二つの猛烈な台風があった。一つは三年前に接近した19号台風で、戦後最大級と評され、最も接近した時の中心気圧は九四〇ミリバール（今はヘクトパスカルと言うらしい）であったろうか。この台風は廃屋を再生した我が家をそっくり一五センチくらいずらし、それに繋げて建てた土間は傾き、片屋根のルーフィング材は剥がされてしまった。その当時、何の縁でか高校受験に失敗したツッパリ坊主を預かっていた。顔がやけに長く、私よりも図体の大きい坊主であった。妻と娘は母屋の裏に建てた小屋に避難しており、私と坊主は母屋に残り台風に備えた。

戦後最大級と言われるだけあって、凄まじい風であった。板壁は釘が利いているので剥がされる心配はなかったが、木目に沿ってビシッビシッと割れ、屋根や板壁に飛んで来たものが突き刺さるのが分かった。土間の四寸角柱は弓のようにたわみ、桁に打ち付けた垂木の釘が抜け、屋根全体がフワフワと浮き出したのである。それを見たツッパリ坊主は言った。オジちゃん逃げよう！　流石に私も気色悪くなり、坊主を怒鳴りつけた、アホッ！　どこへ逃げるんじゃい、ツッパレー！　土間に据えてある角材を束ねて作った二メートル半程の大テーブルを柱にもたせて、突っ張った。ロープや紐をありたけ出し、垂木と桁に釘を打ち結び付けた。紐が足らず、犬の鉄鎖も打ち付け、坊主の皮ベルトもはずさせて打ち付けた。この頃がこの台風のピークであった。

もう一つの猛烈な台風は、私たちが島に住んで五年程経った頃であるから、十七、八年前になるだろうか、17号台風である。この台風は予報官の口調を借りれば「並の勢力で非常に強い」となる。中心が島の西方六〇キロメートル辺りに来て三日三晩停滞し、八十を過ぎた爺さん婆さんに、こんな台風は初めてじゃと言わしめたのである。

私たちが住む斜め上にオジ、オバ、中学生になる末娘、三人が住んでいて、私とたいして年の違わない息子達は島を出て働いていた。この台風が接近した時オジは不在で、妻と我が家の子供たちは、オジの家の方が大きく確りしていることもあって、そこでこの台風を遣り過ごすことにした。私はヘルメットを被り金槌と釘袋を腰に、懐中電燈とトランジスタラジオを横に、一人、我が家の守りをすることにした。日が暮れ、風も強くなり、夜に入る前にもう一度オジの家の戸締いを見ておこうと訪ねた。子供たちは他の家で寝泊まりする楽しみもあってオジの娘とはしゃいでいた。もう一人、役場支所に勤めるオバさんもこの家に避難していた。この家のオバさんに茶の接待を受け、さて我が家の守りをするかと暇を告げようとした頃、急に風が強くなった。土間の高い所の壁板があっという間にふっ飛んだ。その修理を済ますと、次は縁側の壁板がふっ飛び、風がびゅうびゅう吹き込んでいる。もう外は闇で風は増々募り電燈が消えた。一つ修理する度に別の板がふっ飛んでいる。その度にオバさんは板を持って来て懐中電燈で手許を照らすのである。

夜半、さらに風は勢いを増した。妙な台風で、大風がドカーンと体当たりして家を左右に揺すったかと思うとスーっと静かになる。数十秒変に静かで、やがてゴーッと風が押し寄せて来る。耳の鼓膜がツーンと痛くなり、さあ来た！　ドカーン、まるで巨人が大岩を家にぶつけているがごとく凄まじい衝撃を受ける。潜水艦の中で爆撃を受けているみたいだ。この台風は息をしている。私とオバさんと妻はローソクの頼りない明かりの中で互いに顔を見合わせた。子供たちは神妙にしている。この台風は生命の危険を感じさせた。私たちはこの家屋の中で最も柱の密な所にありたけの蒲団を入れ子供たちを囲った。その当時、避難出来る建物は公民館ぐらいなもので、ましてや、もう外に出ることなど無理だ。役場に勤めるオバさんは、ずっと隅で寝ている。私は大風が家にブチ当たる度に懐中電燈で家の隅々を調べた。瓦は既に相当剥がされている様子だが、この台風は雨をほとんど伴わず濡れる心配はなかった。

この家のオバさんはなかなか気丈夫で、大風が押し寄せる度に、ヒィエー、来い来い、ヒィエーと奇声を発するのである。その度に娘も含めて四人で居間の建具を確り掴む、というよりしがみつくのだ。そうしなければ家の中の建具もふっ飛んでしまう。私たちがそれぞれ乗っている畳もフゥーっと浮き上がる。明け方三時過ぎ頃であったろうか、母屋と土間の継ぎ目がバキッと音を立ててへし折れた。この時がこの台風のピークであったようだ。依然凄まじい風は続いたが、土間を倒すことは出来なかった。この家の便所は納屋にあって外へ出ることが出来ず、用足しは縁側の端にバケツを置いて済ませ一番端の雨戸を僅かに開け外に撒いた。夜が明けたらしくどことなく白み、修理した跡が見え、修理した本人の私でさえこんな所に板を張り付けたかなという具合であった。板の間は茶箪笥を斜めにして壁を突っ張っている。そこらにある物を手当たり次第に使って風を防いでいる。当時各家庭に電話はなく、島の人たちは皆どうしているのだろうか。外からドンドンと雨戸を叩く音がする。端の雨戸を少し開いて首を出すと、上に住んでいる小学校の先生がいた。先生の家は土間を倒され奥さんと子供たちは狭いが確りした

ヒィエ〜 来い来い ヒィエ〜

巨人が大岩を家にぶつけるような凄まじい衝撃だ。オバさんは「ヒィェー、来い来い、ヒィェー」と奇声を発する

玄関に固まって風を凌いだそうだ。まもなく先生家族はこの家に避難して来た。この家は総勢十二人になった。

台風は、三日三晩、西方に居座り吹き荒れた。土間の竈で米を炊き、皆おにぎりを頬張った。先生はなかなかの飲兵衛で、オバさん家の焼酎をチビチビ飲《や》っている。またドンドンと雨戸を叩くので首を出すと下の爺さんがいた。煙草を分けて呉れと言う。煙草飲みはどうもしょうがない。吸いたくなれば瓦が頭の上に飛んで来ようが這ってでもやって来る。斯く言う私もそうなのだ。私の妻は大の煙草嫌いだ。私が煙草を吸うと必ず妻の方へ煙が漂ってゆく。慌てて席を変えるのだがやはり煙は妻の方へゆく。爺さんの話によると、チンガラ、ヤラレタそうである。それでも煙草を手にさっさと帰ってしまった。三日目の朝、風が治まった。私は雨戸を一枚開けて外に出た。樹々の葉はほとんど吹き飛ばされ裸木同然で、庭は木の葉や枝で埋まり、板壁には何やらいっぱいぶらぶらと引っ掛かり、納屋のトタン板は数枚を残してどこへ行ったのやら。全く雑然としているのだが、見上げれば雲一つない青天であった。斜め下の我が家の屋根はまるでデッカイ砲弾が貫通したかのようにポッカリ穴が開き、一方の縁側の雨戸は影さえ見えず、土間の屋根はなかった。下の爺さんの家はまさしくチンガラヤラレており、土間はなく、母屋は一部の屋根を残して骨組みばかりであった。三日三晩、皆どう過ごしたのか、ゾロゾロと地中から這い出たゾンビよろしく、虚ろな眼をしてチンガラヤラレタ家から出て来た。それぞれ顔を合わせば互いに大きく溜め息を吐いて、はよ~生きちょったかよ~と、その日一日、皆欲得もない腑抜けた天使のような顔でゾロゾロと彷徨い、各家の惨状を確かめ合い、互いに死人も怪我人もないのを感謝し合い日が暮れたのである。

さて次の日、まだ荒れている海を定期船太陽丸は建築資材を満載して入港した。皆我先きにと注文した資材に飛び付き、それはウチのやっど、アタイの垂木がなか、ウチのルーフィングは来ちょらんけ誰か探して呉れやい、あの腑抜けた皆の天使の顔は一日限りの儚い夢であった。

その日も暮れ、辺りは暗くなりかけていた。私は我が家の惨状に落胆し、どこから手を付けてよいのやら、ひと先ずオバさんの納屋の一間を借りて暮らそうと考えた。オバさんは、よかど、と言う。聞いていた妻は何かニヤニ

下の爺さん婆さんはスッポンポンの居間で食事を摂っていた

ヤしながら私の肩をつついた。指差す方に眼をやれば、下の爺さん婆さんがローソクの火を頼りに骨組みだけのスッポンポンの居間で食卓に差し向かい、食事を摂っている。我が家は爺さんの家よりましである。いや我が家が爺さんの家よりさらにスッポンポンであれなんのことはない、そこに住みながら修理してゆけばいい。私は恥じ入り恐れ入った。

台風通過後二カ月間、全く雨が降らなかった。私は爺さん婆さんたちの家の修理に明け暮れ、御蔭で教えられずとも瓦の葺き方を大筋覚え、家屋の骨組みも理解出来た。これは今の私に大いに役立っている。

台風や火山の噴火、恐ろしいものを持つ私たち島民は恵まれているね。たった一日だったけれど皆の顔は天使だったね。

げに恐ろしきは噴火かな

地震、雷、火事、親父というが、火山の噴火は、そこに住み暮らす人間にとっては実に恐ろしいものである。桜島などはしょっちゅう噴火していて、観光客やらはたまたまそれに遭遇してウーム成る程と、なかには素晴らしいなんぞと思う人もいるだろうが、その下に暮らす人間にとっては、小爆発ではあってもいつかはこんなものでは済むまいという思いがあって、慣れるというようなものではない。

先年起きた阪神大震災は、都市部の巨大地震とはこのようなものかと、大阪に住み暮らす父母兄弟には申し訳ないが、この島に住んでよかったと今更ながら思っている。勿論この島も巨大地震に見舞われないとは限らないし、噴石で頭をかち割られるかも知れないが、高速道路の陸橋が頭の上に落ちて来るという心配はない。地震も噴火も共に恐ろしいものであるが、その違いは、噴火はその恐ろしいものが眼前にあるわけで、いつもはおとなしい草食恐竜ブロントザウルス火山が、ある日いきなり肉食恐竜ティラノザウルス火山に変貌するようなものである。変なたとえかな、口永良部島の火山新岳はここ十数年噴火していないが、噴石を飛ばすタイプの火山だから、今度噴火すれば溜まりに溜まった石を村まで飛ばすのではないかと皆心配している。

島に住む私たちは朝起きるとまず岳（火山）を眺め、フム、まあ今日はおとなしいじゃろ、と無事平穏を願い、立ち話をしていてもそこに岳があればチラチラと見遣る。陽が西に傾くころ岳は赤々と輝き、濃い緑のガジュマルはどくどくと血が通っているように見える。火山島ゆえの美しさである。

数年前から、自衛隊や海上保安庁も参加して大掛かりな防災訓練が年一度行われるようになった。町長が災害対策本部長となり、現地本部長は島の公民館長が当たる。各集落は避難誘導員を決め、上屋久町が作成した新岳爆発のシナリオに沿って、半日、島民は配布された赤いヘルメットを被りズックの非常持ち出し袋を背に、ぞろぞろと参加するのだ。昼過ぎ、花火の音を新岳爆発の合図とし、先ず各集落で指定されている一次避難待機場に集合、指示があり次第、消防団員や誘導員に従って第二次避難場となっている本村桟橋入り口に集合するのである。

私が住む前田集落は七戸あって、集落の真ん中に三方がコンクリートの壁で屋根はそれよりも厚いコンクリート製の避難場が設置されている。この避難場は島のあちこちに設置されていて、野良仕事や山仕事をしていても噴火すればそこへ一時避難出来る。

桟橋入り口に集合した島民は、そこで氏名を確認され、ヘリコプターで島外脱出する者はヘリポートへ、船で脱出する者は桟橋へ向かう。ヘリコプターで避難する組は皆から「ワァー、いいなあ」と羨ましがられ、中にはヘリコプター組に入れてもらえるよう事前に根回しする者もいたりする。こういう根回しは楽しいもので、私が人選していいのだったら、お姉ちゃん先生などから、ネェ乗せて、とウインクでもされたら、ウーム、じゃあこのオジは降ろすか、となる。小中学生たちは乗りたくても乗せてもらえず、いつも沖に停泊する巡視船見学組となりブゥーブゥーいっている。

一昨年、私もヘリコプター組に入れてもらえて、十人程乗れる大型ヘリコプターで島の周囲をぐるっと回った。上空から見ると、いつもは下から見上げている椎の大木はまるでキノコの傘みたいに丸くポコポコと群生していて、ああ、きれいな島だなあ、と改めて思った。私は幾度も新岳に登っているが、上空から見る火口は本当に丸くすり鉢状で、幾つも旧噴火口跡が識別出来る。当然周りは海で、テレビのひょっこりひょうたん島よろしく、～波をスイスイかきわけて～♪となる。

自衛隊員や保安庁の職員は仕事でありご苦労なことだが、若い人たちは避難よりピクニック気分となり、年寄りたちはやはり噴火すれば避難しなければならないわけで、至極真面目に付き合い、再び桟橋に集合して、自衛隊指揮官、災害対策本部長の講評の後、公民館長の挨拶で終了となる。

半日ではあるが、皆結構くたびれてゾロゾロと我が家に戻るのである。ご苦労様、お疲れ様。

何か振動を感じたのだろう、私は横手斜め上の岳に眼をやった。

火口の真上にお椀を逆さにしたような真っ黒いものが被さり、ギョッとして眼を剥いていると、ズズーバリバリと腹に応える振動を発し、ギリシャの神殿の石柱のごとき円い太い黒柱がどんどん伸びてゆく。噴火だ！

島に移り住んで二年目の春だったか、昼前、岳が火を噴いた。

妻は屋久島に出向いておらず、私は歩き始めた次女を膝に、桟橋から少し離れた砂浜で腰を下し、長女のぬい子と長男の森は、砂や寄せる穏やかな波と戯れていた。山の新緑はもう暑いくらいの陽差しの中でむせるようにほこり、海もそれに比例して明るいセルリアン・ブルーで、私は海を眺め、山を見やり、子供たちを見守る。岩肌を見せる岳は温かく静かであった。

そのような時、いきなり噴火した。子供たちも気付いた。打ち上げられたロケットを見るように、子供たちの頭は段々に上を向き、頭がそれ以上曲がらなくなるころ黒煙の先端が開き始め、私たちを呑み込もうとするように迫って来る。

三歳になったばかりで頭のバカでかい森は「怪獣だ！　怪獣が出た！」と叫び、こちらへ来ようとするのだが、まるでスローモーション画像を見ているようでちっとも近づいて来ない。

ずっと向こうで遊んでいたぬい子はあっという間に森を追い越し、私が慌てて忘れた次女のサンダルをひょいと引っ掴むと、非常に真面目な、さも忙しいという顔付きで私をチラリと見て、次女を抱え思うように走れない私の側もあっという間に走り過ぎ、砂浜への入り口である護岸の切れ間へ姿を消してしまった。全く逃げ足の速い奴だ。

護岸の切れ間を通り、最も近い胃薬原料を乾燥させる工場に逃げ込んだ。工場に働く人たちは建物の陰から岳を見やり、口早に何かよく分からぬ言葉を発し、ぬい子もそこにいて、大勢の人を見てホッとした私はやっと岳を観

突然の噴火。長男の森は「怪獣だ！怪獣が出た！」と叫び、ずっと向こうにいた長女ぬい子は、あっという間に逃げて行った

察することが出来た。

真っ黒いスクリーンの中で火口がくっきりと見えた。大きな石というより岩であろう、まるで火口に巨人がいてお手玉をしているみたいに、その岩がポンポンと跳ね上がる。火口の上を縦横無尽に稲妻が走り、ズズッーズズッー、耳が聞いているのか腹が聞いているのか、体全体が振動し、黒雲は既に島全体を覆い、暗いのか明るいのか。私は全く実感した。貧しい者も富める者も、無知な者も賢い者も、病める者も健康な者も、老若男女も問わず皆平等だ。

この下にあっては全てが平等だ。

噴火は急速に治まったが黒雲はますます広がり、私たちの世界は完全に覆われてしまった。もう大丈夫だろうと子供たちを連れて我が家に戻り着いた頃パラパラと雨が降ってきた。それは雨ではなく火山灰が草木に降る音であった。永いこと降り続き、ついには草木の緑が灰色になってしまった。

その後五年程経て、早朝、また噴火した。確か秋だったと思う。

私は目ざとい方で、やはり腹に応える振動を覚え外へ飛び出した。空は白みかけており、岳の辺りは既に真っ黒であった。以前の噴火とは桁が違うようで、私は慌てて転び、妻子を起こした。雨戸を一枚開け様子を眺めなが

桁違いの噴火に、私はバッタの如くピョンピョン飛び跳ねた

ら、さてどうしたものやら、私はバッタの如くピョンピョン飛び跳ねた。私は肝を冷やすと腰から下の重力がなくなり跳ねまわるらしい。次女を膝に抱えてどっかり腰を下ろした妻はそんな私を見て「お父ちゃん、そんなに跳ねないで、ここに座ったら……」と自分の横を指すのである。妻の何と肝っ玉の座っていることか、またもや私は恥じ入り恐れ入った。

桁違いに思えた噴火は、後の調査で分かったことだが、火口から噴火せず近辺五〇〇メートルにわたって裂け、そこから噴煙を上げたせいであった。我が家を訪れる人たちは、その噴火の恐ろしさと妻の肝っ玉を誉めそやす話を必ず聞かされる。後日、真実を隠蔽した自責の念に堪え切れず、妻は自白した。肝っ玉の座った妻は、真実は腰が抜けて動けなかったのだ。その後一時面目を失った妻は子供たちから軽くあしらわれていたが、それも束の間で、さらなる権勢を取り戻したことはいうまでもない。しかし腰を抜かしたとはいえ、肝っ玉が座っているように見せる力量はたいしたものだ。

前号の恐ろしい台風に続いて今号は恐ろしい噴火の話だが、何故、私たち島民がこれら恐ろしいものを持つということは恵まれたことなのか、読者の皆さんはどう思われるだろうか。

人類が造り出したさまざまなモノに囲まれ、便利で安楽な暮らしを営む私たちは、飽くことなくさらに安易な暮らしを求める。周りの全ての生きものと同等であるという理念を失い、信仰を失った。信仰とは恐れを知ることであり感謝する心を持つこと。単純なものであって御大層なものではない。わたしたちを含めて宇宙は人知を超えた意志を持ち、その波動を、安易な暮らしに慣れた私たちは感知できない。

台風や噴火は私たちにはどうすることも出来ないものの一つであり、それを前にして、私たちは所有することが役に立たないことをある日思い知らされる。犬や猫や牛やカラスと私たちはどう違うというのだろうか。手を使いさまざまなモノを造り所有する私たちだが、空を舞い、雨に濡れ、子を養い、何も持たず為さず、カラスは生を全うするではないか。何か為さざるを得ない私たちであるのなら、生を宇宙を称えることをなそう。

島民大運動会

この文が皆さんに読まれる頃は冬だが、今は日本全国、運動会の秋真っ盛りである。天高く馬肥ゆる秋などはもう古く懐かしい言い回しで、当今はマイ・カーで駆けつける運動会の秋である。

この口永良部島でも各集落を結ぶ主要道はコンクリート舗装され、それ以前では二トンダンプかジープくらいしか役に立たなかったのだが、近頃ではこの小さな島でも乗用車が走るようになった。流線型のクルマは何か街のニオイがして、この島には似合わないなあと私は思うのだが、中古車は実用車より乗用車の方が安いらしく、また島人はこの街のニオイが好きなようでもある。しかし僅かな住民の中で老人家庭の多いこの島ではクルマの数も少なく、その多くは軽トラックか箱型のもので、クルマを見れば誰のものかすぐ分かる。

入場門はリュウキュウ竹を束ねてアーチをつくり、杉の枝葉を差し込む

運動会の前日、児童生徒、教員、青年たち、公民館役員、ＰＴＡ会員、つまり島のほとんどの人が参加して会場造りを行う。万国旗を張り巡らし、いくつもテントを建て、入場門を造る。この入場門は島のいたるところに自生するリュウキュウ竹の若いやつを数十本切り、紐で束ね継ぎ、九メートル程の太い棒状のものを作り、両端からそれを押し立てると馬蹄型のアーチになる。そしてグラウンド入り口に立つ石柱門にくくり付けるのだ。それから竹を縛りつけた紐に杉の枝葉をいっぱい差し込んでゆくと、みるみるうちに竹のアーチが濃い緑の杉葉で覆われ何か豪華な感じになる。造花で縁どった横長の祝島民大運動会とペンキで書かれたカンバンを取り付け、杉葉の中に万国の手旗をそれこそいっぱい差し込む。ハイ出来上がり。フッ

ハッハ～何か愉快なのだ。これがないと運動会という気がしない。二時間程かけて会場を造った後、先生方から茶の接待を受け解散、さあ明日は楽しい運動会だ。

運動会当日、朝六時、花火の大音響で開催が知らされる。バンバンバン、はい今日は運動会ですよ～。朝八時半、小中学校のグラウンドで島民の入場行進から始まるのだが、妻は大概遅刻する。昼食の弁当作りに手間どり、急がせればハイ、ハイと返事はよいのだが、しまいに仏頂面となり余計に手間どる。そこで妻だけ残して先に出掛け行進に参加する。妻は、料理は合格なのだが実務の才が限りなくゼロに近い。その度に私は今後妻を娶るときは実務に長けた女にするぞ！と思うのだが。勿論妻にも言い分があって、家事など見向きもせずロクに仕事もせず、ことさら金などに縁のない私であってみれば、まあ文句の言えた身分でもないのである。

運動会の数日前から、中学二年生の海の子留学生ケイスケを預かることになった。未だに何故私たちが里親になるハメになったのかよく分からないというのが実感で、まあ人の子を預かることなどはどうでもよろしく、私にとって面倒臭いのは、またもやＰＴＡ会員になるということであった。やはり最近島へ来た幼児学級に通う孫娘のモエが就学するまではまだ間があるとタカをくっていたのが、いきなりＰＴＡ会員となった。つまりそんなわけで今年の運動会には何が何でも家族全員入場行進しなければならず、前日から妻を叱咤激励し、家族全員での堂々の入場行進を何とか達成した次第である。

昨年から小中学校と島民の競技を織り交ぜた運動会となった。小学児童七人、中学生徒は海の子留学生二人を入れて四人、計十一人の子供たちが島民に交じって競技に参加する。老齢化率四〇パーセントに近いこの島では当然であろう。今年のプログラムは児童生徒が紅と白二手に分かれた応援合戦に始まり、三十種程の競技やゲームを競い、児童生徒の応援合戦でしめくくられる。大規模校と違いこの島の子供たちは皆が選手であり、足が速かろうが遅かろうが走る。島民に交じって玉入れもすれば綱引きもする。大きい子は小さい子の面倒見がよく、島民にとって数少ないこの子たちは宝であり、どの子にも惜しみなく私たちは声援を贈る。子供たちはどこにいても島民たちから声を掛けられあいさつをする。

金岳小中学校においては児童生徒一人か二人に先生がついていて、基礎学力で落ちこぼれるということはない。島の小中学校を卒業して鹿児島の高校に進学した女子生徒は言う、同級生が沢山いて答えさせられることが少なくなりちょっとホッとしたよと。成る程ね。

だだっ広い体育館を十一人の児童生徒が走り回り、広い教室に二人の児童が先生を前に机を並べている。児童一人の受ける教育の恩恵は街の子たちよりはるかに高い。しかしもっと仲間が欲しい。一学年に十人ほどの仲間がいれば勉学にスポーツに遊びに迫力が出る。疎外される子もなく中には気の合った友もいる。こうなれば結構なことだが、そのためにはもっと若い人たちが島に定着しなければならない。

島外に息子、娘、孫たちを持つ島の老人たちは言う。島に子供が増えて欲しかばってん島へ戻れちゅうても仕事ものうてぐらしか。ウチはごてがかなわんようになったら子供の所へ行くよ。成る程ね。

一つ競技に出れば必ずタワシやプラスチック容器やらを貰い、一年分の雑貨稼ぎにはもってこいで、我が家族は人数の多さにもの言わせて稼ぎまくる。ウッハッハ〜溜まった溜まった。

青年たちは大概の種目に出ずっぱりで、一〇〇メートル走などムキになって走っている。私も長距離走に最近まで走ったり、相撲もとったりしたが、心不全など起こしてはたまらないからもう御免こうむる。年寄りたちはさすがに走ることは難儀で、玉入れや輪投げなどフィールド内でのゲームに参加するのだが、中には昔足に自信があった婆ちゃんなどは、子供に交じって五〇メートル走ったりする。輪回しなどは年寄りの方が上手で若い者も歯が立たない。きれいな空気を吸い、うまい水を飲み、新鮮な魚を食べ、農作業に精出す島の年寄りたちは皆元気で、街の老人たちに比べてはるかに強い。

小学生全員の「ぼくら一輪車隊」という種目がある。サーカスに出てくるような一輪車に全員七人が乗ってグラウンド内をところ狭しと走り、手をつないだり、そのアーチを別の児童が走り抜けたり、全員手をつないで走ったり、なかなかのものなのだ。全員が乗り走れるのはこの島ならばこそで、私の孫娘も乗れるかなあ。

昼前、新顔紹介と銘うった種目があって、その年新たにこの島の住民となった人たちを島民に紹介するのだが、今年はUターンした二十歳前の青年エイイチとトヨシゲ、海の子留学生で中学二年のマリコとケイスケ、私の孫娘モエ、新任のお姉ちゃん先生と学校事務官の奥さん、そして広島大学の学生三人が加わってにぎやかな顔ぶれであった。それぞれ自已紹介を済ますと椅子取りゲームを行うのだが、一人分の椅子を除いて円を描いて並べ、新顔はおはら節の曲に合わせ踊りながら椅子のまわりをぐるぐると回る。音楽が止められたら近くの椅子めがけてサッと座れば誰か一人は座れない。妻に連れられたモエは、半ばで椅子を失い、とうとうUターン青年エイイチとトヨシゲが残った。最後に残った者は褒美が約束されているのだがそれはエイイチであった。その褒美は、椅子を譲るという謙譲の美徳をおろそかにしたというわけで、何か歌を唄えということである。エイイチは恥ずかしそうにしていたが観念したらしく、卒業した金岳小学校校歌を堂々と歌った。よく帰ってきたね。ありがとう。

新顔の人たちを入れて皆でおはら節を踊って、さあ昼食だ。広い体育館の中にそれぞれ家族は円く陣どり、学校では御法度のビール、焼酎も今日は解禁でにぎやかなお弁当を開くのだ。さて我が家のごちそうはいなり寿司、のり巻き、鶏のからあげ、つけ揚げ、フルーツかんてんで、漁師のゴトウオジがシツとモハメの刺し身を提供してくれた。私はこれが大好物なのだ。やはり子供たちはこのにぎやかなごちそうが楽しみだ。たらふく食べた子供たちはもうグラウンドに出て遊び回っている。元気なものだ。

午後からはいろいろゲームがあるが、やはり発奮するのは大詰めの児童生徒紅白リレーであり、島民の職場別対抗リレーだ。紅白リレーは子供たちの走る力を教員は把握しており、あまり差がつかないように配置している。ヨーイドン、速い子も遅い子も力一杯走る。父兄はラインギリギリまで出て腕をふりまわし声援する。それ走れ〜、そら追い抜け〜、きばれ〜、勝っても負けても皆笑い拍手である。平和な島の一日だ。

職場別対抗リレーで強いのは何といっても教員チームで、常日頃子供たちと走って鍛えているからいつでも臨戦

「それ走れ～！
そら追い抜け～！
キバレ～！」

大詰めの児童生徒紅白リレーでは、父兄はラインギリギリまで出て腕をふりまわし声援する。それ走れ～、そら追い抜け～、きばれ～

体制ＯＫだ。それに比べて他の職場はにわか仕立てで、欠員が出ると他から足の速いのを確保しようとやっさもっさとなる。だいたい、にわか仕立てチームは威勢はいいのだが、どこか浮き足だっており、はたで見ていると何やら可笑しい。今年の最強チームはやはり教員チームで、ウーム憎らしいかぎりである。最後の紅白応援合戦も終わり、小中学校の優勝チームは白組であった。一通りの閉会式を済ませ怪我人も出ず、年一度の大運動会はかくて終わった。

しかし、大運動会の余波はこれからなのだ。閉会後すぐに皆で万国旗を降ろし、テントをたたみ、入場門を外し、手早く後片づけを済ませ、早速公民館で反省会と称するつまり飲ん方となる。床にゴザを敷き、たたんだ脚のまま長い机をいっぱい並べ、主に女性陣がコップやつまみを用意して、集まった島民一同ビールで乾杯するのだ。今日の盛大な運動会を祝して！　これからの口永良部島の発展を祝して！　乾杯！　こうなると運動会ではあまり活躍しなかった連中も俄然活躍し出し、今日は誰それが速かった、いや～あん衆は強かと活躍した選手を讃え、オイも三十代まではよかひこ走ったぞと昔を誇り、ヨシッ来年に向けて練習するぞと宣言する者もいたり、来年のチーム編成を始める者もいる。この公民館での飲ん方は序の口で、その後場は先ず校長宅に移り歌を唄い踊り出すとますます勢いが出て、小学校や中学校の教頭宅になだれ込み、また校長宅に舞い戻り、いつ果てるとも分からぬ宴は続くのである。

翌日、飲み過ぎて頭をふりふり、眼は赤く、足をひきずり、イテテと腰をさすり、今日一日の仕事に向かうのである。また来年の今日も全くこの通りであることは間違いない。

イクばあちゃんとヒノばあちゃん　その一

私がこの島に住み暮らすようになったのは二十六の歳であるからもう二十三年経ったことになる。その間八年程島を出ていた。私たちはIターンでUターンであるからI・Uターン家族ということになるのかな。

表題のイクばあちゃんとヒノばあちゃんは、島暮らしを始めた頃近所に住んでいたばあちゃんで、当時を振り返ると必ず思い出す。イクばあちゃんは島で旅館業を営むオジの母御で当時八十歳を超えていたろう。島のとり上げ婆さんつまり産婆である。ヒノばあちゃんは私たちのすぐ斜め下に独り暮らす婆さんで、当時八十歳になってはいなかったと思う。

二人とも私たちが島に移り住んで一年程経った頃逝った。五〇トンの小さな定期船第一太陽丸が二〇〇トンのフェリー第二太陽丸に変わったことは、島にとって大きな節目であったが、この二人のばあちゃんがこの世を去ったことも、私には大きな節目のような気がして、それは再び蘇るという代物ではなく、何か大事なものを失ったという感がするのだ。

私たちが借りた空き家は、小さな谷間を少し登ったところにあって、陽当たりは良いが、土間は表と裏に引き戸があるだけで薄暗かった。片隅にパイプを剥き出した簡易水道の蛇口がひとつあり、湿った土の上に錆びた鍋釜が転がっていた。ガスやレンジがあるはずもなく、とりあえず庭に転がっている石を組んで周りを土で固めかまどを作った。水は勢いよく出るが流し台がないので、裏庭の境に密生する竹を切り簀の子にして、その上で食器を洗った。その隙間からポタポタ落ちる水が足をビショビショ濡らすので、足元に飛沫除けのビニールを張った。転がっているアルミ鋳物の飯炊き釜を磨き、八角形の不細工な蓋を作り、これで米を炊くことにした。

妻は火吹き竹が欲しいというので私は両側の節を切り落とした竹筒を宛てがったが、八カ月のどん腹でかまどの前にしゃがみ込み、それをフウフウやった妻は目を回してしまった。火吹き竹は片方の節を残して小さな穴を明けたものだが、私も妻もそんなことを知らなかった。妻はその話をするとき今でも恨めしそうな顔をする。当時電気はあったがまだ時間送電という奴で、朝方と夕刻より夜十時頃まで電気が通った。私たちは夜遅く朝も当然遅い典型的街人間で、夜ローソクを点し、外に出ては満天の星を眺めた。朝はお陽様がそれこそ天高く昇るまで寝ていた。島民は大概朝早く、年寄りなどは実に早い。用あって訪ねて来る島民や家主は業を煮やして雨戸をドンドン叩き、年寄りなどからは、「眼が腐らんかねえ……」とからかわれ、流石に恥ずかくしなったのか妻はだんだん朝が早くなり、しまいには未だ明けやらぬうちに起き出し、土間の戸をいきなりサッと開けるのが趣味になった。何故そんなことをするのか。妻はその頃「外は物の気がいっぱいで騒がしいの……。それを驚かしてやろうと思うとなにかムフ

八カ月のどん腹で火吹き竹をフウフウやった

ムフしてくるの……」と言う。フム、妻は島の朝が気に入ったらしい。

土間は日中でも薄暗く大きな窓を作ることにした。窓の大きさを決めてその部分をスッポリ切り取った。いきなり明るくなった土間は外気と一緒になり、交叉したガジュマルの枝の中で火山が明るく鎮座している。窓の縁は海辺から拾ってきた厚板を打ち付け、切り取った板はその窓の戸板に使った。厚い皮のベルトが挨を被って転がっていたので、それを蝶番の代わりに戸板と縁板に打ち付け、跳ね上げ式の窓にした。その窓辺にやはり海から拾ってきた板でテーブルを作り付け、そこで食事をすることにした。戸外で食事をするようで大いに気持ちよろしい。

大概の家主は勝手に改造されるのを厭がるものだが、我が家の家主はこの窓を見て、「よか窓が出来たがな……」と意に介さない。裏庭に風呂小屋があって、五右衛門風呂はところどころ穴が開き、家主の意見を採り入れて粘土とセメントを混ぜたもので塞いだ。風呂小屋とは名ばかりで、湯に浸りながら上を見上げれば、やはり満天の星であった。

当時島では四百人程の人口があり、商店は農協を含めて七軒あった。妻はどん腹を突き出して二歳前の長男の手を引き、四歳前の長女は先頭を切り、私は後からゆっくり歩いて買い物に出かける。妻は少々近眼で五〇メートルも離れた向こうから来る島民にありたけの笑顔を向け、すれちがうまで三度も五度もおじぎをした。私は生来ヤクザな気質で、失礼があったらどついたろかいなといった風で愛想が良いとは言えない。後に聞いたことだがそんな私たちを見て、「あん奥さんはちと頭がおかしゅうて、……きっと向こうでよそん男の種ば孕んで、……わけありでこん島まで逃げて来たんじゃろ……」というのが、この島に流れ着いた私たちに対する島民の主流観測であったそうな。島民はどうしてなかなか想像力豊かなのである。

私たちの他に、もう一組わけありの夫婦が少し離れて集落の外れに住んでいた。私たちよりひと月程前に島へ来たという。亭主は私より十歳程年長の陶芸家でイチノミヤと名乗った。イチノミヤ氏は「オレは焼き物屋」だという。私はかつて「焼き芋屋」だった。奥さんは私よりやや年長で、やはり妻同様どん腹を突き出していた。妻とその奥さんが並んで買い物をしている光景は確かに壮観である。島民の想像力が刺激されるのも無理からぬところで「恥ずかしげものうて太か腹ば突き出して」と女子衆の陰口に、イチノミヤ氏はそのどん腹コンビに「腹の先っちょにリボンか花を飾れ」と言う。

この焼き物屋イチノミヤ氏が私の長男森の誕生日に、贈り物の手作り三輪車（正確には四輪車だが）を持って我が家を訪ね、それをドカッと土間に置いた。「森君誕生日おめでとう」。森は勿論のこと、私たちもそれを見て目を見張った。それは、全て焼き物の燃料に使う松で作られており、車輪は松の輪切りで、ハンドルは松枝を使い、サドルは鉈で削られていた。そして焼き印で「森」と銘打ってあった。削られた薄黄色の木肌は明るく輝き、松のよい匂いがした。

この贈り物に森がどんな反応を示すのか、私は何だか不安であった。贈った本人のイチノミヤ氏も同様であったろう。この贈り物を前にして私も妻も「さあお礼を言いなさい」などと、つまらぬことを言えるはずもない。そんなことはずっと後でよいのだ。森は離れた畳の上でしばらくそれを眺めていた。イチノミヤ氏は素知らぬ風をして森の反応を伺っていた。土間に降り三輪車に近づいた森は、そこで寝転び、上眼使いにそれを眺め、寝返ってはそれを眺め、たまに手を出してそっと車輪やサドルに触れてみる。そんなぐあいにその周りを寝転びながらぐるぐると回っていた。やがて森は意を決したような顔で私が使う金槌と五寸釘を持って来るや、その明るく輝くサドルに五寸釘を幼稚な手つきではあるがゴツンゴツンと打ち立てたのである。

イチノミヤ氏から長男森への誕生日の贈り物。三輪車（正確には四輪車）

私たちはギョッとした。全く以ってギョッとした。さらに小さな釘を数本持って来てハンドルにも打ちつけた。しばらくそれを眺めた森はふっと息をつき、三輪車を押したり引いたり遊び始めた。イチノミヤ氏の顔を覗くと、引きつっていかついその顔がふわっと緩み、次いでウワッハッハ〜とそれこそ大きな哄笑を挙げた。私も笑った。妻もぬい子も笑った。森はそんなことにはお構いなしで、押したり引いたり夢中になって遊んでいた。

イチノミヤ氏は森のこの思いもかけぬ返礼に大満足で、「今夜は実に焼酎が旨い」と言っては飲んだ。その夜は本当に旨い酒盛りであった。

その年の冬は、中東紛争が起きて、いわゆるオイル・ショックを起こした年で厳しい寒波が押し寄せた。二十数年毎に来るというこの大寒波は、南のこの島をも震え上がらせた。北西の風は台風だといってよい程強く、五〇トンの定期船太陽丸は一週間通わないことが度々あった。そんな年の暮れ、出産予定日が妻といくらも変わらないイチノミヤ氏の奥さんが早産した。

早朝、近所のオバさんがそのことを我が家に知らせに来た。産着や何やかやが必要だと言う。初産の奥さんは実家でお産する予定だったから用意は何もしていなかった。妻は三度目であり、島でお産する覚悟をしていたので必要なものは全て揃えていた。私は妻に指示されてとりあえず必要なものを腕に抱え込み、一刻も早く届けるため近道である畦を抜け、妻はどん腹を突き出して本通りを歩いてやって来た。

全く寒い朝であった。奥さんは生まれた赤児を幾枚ものタオルでくるみ、布団の中で寄り添ってガタガタと震えていた。経緯を聞いてみると、夜中産気付き、島のとり上げ婆さんであるイクばあちゃんを呼んだところ、ばあちゃんは足が悪く、息子である旅館のオヤジが背負って来たが、その時既に赤児はこの世に出ていた。しかし後産が出ず、ばあちゃんは焼酎で手を洗いその手を体内に入れて出したそうだ。普段は腰が曲がり杖を頼りにいくらも歩けないばあちゃんだが、赤児を抱えると腰は真っ直ぐ伸び、歩き、一通りの処置を終えたという。さて家に戻ろうとすると、ばあちゃんは急に腰が曲がり、「杖」「杖」と言い出したそうである。

八カ月で生まれ落ちた女児は計れば一三八〇グラムしかなく、手の平に乗る超未熟児だ。船は来なければ出もしない。当時はヘリポートなどなかった。妻は医学全書を開いて未熟児の項を調べ、「これだ、保温と湿度！」。妻の号令のもとイチノミヤ氏と私は早速とりかかった。土間で火を焚き大釜に湯をたぎらせる。焼き物屋であるから薪はふんだんにあるし、火付けの名人だ。四畳半の産室を毛布や敷布を釘で止めて覆い、その中に湯のたぎった大釜を入れる。イチノミヤ氏は伸びて垂れたガジュマルの枝を切り落とし、それで即席のベッドを作る。小さな布団を詰めたダンボール箱をその中に入れ、そこに赤児を寝かせた。布団の下には湯を入れた一升ビンを何本も入れた。超未熟児とは思えない程激しく泣く。あまり激しいので妻はベッドの温度を計ってみると四十数度もある。私たちは慌てて一升ビンの数を減らした。要するにやり過ぎたわけだ。一三八〇グラムしかないくせに、文句は人並みである。

おしめを取り替える妻が「ほうら胎便が出ましたよ～」と言った時、いかついイチノミヤ氏の顔に安堵と感謝の念がチラリと見えた。

イクばあちゃんとヒノばあちゃん　その二

超未熟児は口永良部の一字をとって由永と名付けられた。まことに小さくはあるが、生命力の強いゆえちゃんは育った。前歯が生え出る頃普通は二本並んで生えてくるものだが、ゆえちゃんは一本だけが先にニョキッと生えてきた。

かわいい顔をしているのだが、ニッと笑うとその一本歯がニョキッと見えて、なにか不気味なのだ。おちょぼ口のくせに大食いで、バナナなど与えるとそれこそ大きく広がり、噛むという風ではなく、指で端を押し呑み込んでいる風で、やはり不気味なのだ。這い出す頃になると板間の端を土間に落ちずに器用に這ってゆく。

サーカスに売り飛ばせばいい値が付くかも知れないなあ……。

厳しい寒波が続く冬ではあったが、穏やかな天気が数日続くこともあった。流石に南国で陽が出るとポカポカと暖かく、節々がゆるみのびのびとする。妻はそんな日、イクばあちゃんを訪ねて腹の具合いを診てもらう。ばあちゃんはいつも囲炉裏の端に座り、火を絶やさない。腕くらいの太さのケサの木を三本程突き合わせ、チョロチョロ炎を出してはいるが煙はほとんど出ない。ばあちゃんが言うには、薪は端から徐々に燃やすと煙はあまり出ないそうで、火を掻き立てる時は細い火吹き竹でフッとひと吹きすると炎が太くなる。煤けた薄暗い部屋がフッと明るくなり、イクばあちゃんがなにやら魔女めいてみえる。息子が営む旅館から少し離れた田圃端のじめじめした小さな家のその囲炉裏端で、ばあちゃんはそうやっていつも火の守りをしている。そんな中で、イクばあちゃんは過ぎ去った数々の日々を思い出しているのだろうか。

その囲炉裏部屋で、妻は産み月が近づいてもまだ横を向いている腹の児を、ゆっくりと擦ってもらう。妻はばあちゃんにとり上げてもらいたかったのだが、ばあちゃんは「もうこんな歳で体も自由に動かん。あんたは鹿児島へ出て産むがよか」と島を出るまで腹を擦ってもらい、腹の児は当たり前の位置に治まった。

明日は鹿児島へというその夜、海はまた荒れだした。時化は続き十日目に船が来たとき、既に予定日は過ぎていたが腹の児は中でふみとどまっていた。私と二人の子供たちは島に残り、妻は一人で風呂敷包みを持って午後出航の太陽丸に乗った。五〇トンの太陽丸は木の葉のごとく荒海に揉まれ、夕刻やっとこすっとこ屋久島へ着いたが鹿児島への船はもうない。歩いて五分程、当時の国民宿舎に妻は宿をとった。用心して一階の部屋を借り、翌朝鹿児島行のフェリーに乗るが大きい船とはいえこの荒海に激しく揺れる。腹の児はやはりふみとどまっていた。腹の児はその機が来るまで決して出ないつもりでいたらしく、分かっていたのだろう。

妻は島の看護婦から聞いた産婦人科医院を訪ねた。島からお産に来た由を伝えると、医師は満員であるにもかかわらず快く迎え入れてくれた。数時間して急激な陣痛が起こり、その痛さは尋常ではないと妻は思った。この世に

木の葉のごとく荒海に揉まれる太陽丸

出た赤児は、血色は良いのだが羊水を飲んで息はない。妻は夥しい出血を起こし、それは止まることなく流れ出、砂に水が浸み込むように意識も薄れてゆく。ただただ寒くて「ああ死ぬんだなあ。死ぬって何もないことなんだなあ」と妻は思う。

　医師は懸命にチューブで赤児の肺に溜った羊水を吸い取り、赤児を保育器に入れて妻に確りと言った。「子供は駄目かもしれない。しかし今は貴女の命を取り留めねばならない。今から手術にとりかかります。いいですね」。医師は手術のスタッフを急きょ招請した。そのスタッフは他の病院でちょうど手術を終えてお茶を飲んでいたそうで、着替えもせず全員駆け付けたという。妻の子宮はぱっくり裂けていた。

　妻が長女を出産したときは東京の小平市に住んでいて、私たちはその頃本当に無知であった。世の中のことも私たち自身のことも、まるで分からなかった。妻は近所の産婦人科医院に通い、出産が迫ると私と妻は医師に呼び出され、帝王切開しなければならないと告げられた。レントゲン写真を見せられ、全く疑うということがなかった。医者は医者であり、どの医者も同じだなどと思っていた。そして長女は生まれた。

子供を育てながら私たちも成長した。さまざまな仕事に就き自ら金を稼ぎ、さまざまな人を見た。書物を読み、絵画や彫刻を見て回り、音楽を聴いた。そして通俗なものとそうでないものがあることを知った。圧倒的量の通俗なものの中で、そうでないものがいかに少なく、貴く、気高いものであるかを知った。いかに多くの人たちがその気高さを知らずに生きているかを知った。その気高さを求める人を見た。そしてその気高さを持つ人も見た。社会がどのような仕組みになっているのか分かった。さまざまな社会の型の違いはあっても多くの人たちが望むものは同じであることも分かった。

長男を出産する時は医師と病院を選んだ。四キログラムに近い長男はごく当たり前に生まれた。次女もごく当たり前に産めるだろうと思ったがそうはいかなかった。帝王切開を行った医師の責任は厳然としてあるが、無知であった私たちの責任はさらに重い。私たちはこの世の不正と闘う時、各自がこの世に対する全ての責任が我が身にあるということを自覚していなければならない。この世の不正と闘うことと、己れの無知蒙昧と闘うことが同時になされなければならない。これは人としての原則であり基本である。手術はうまくいって妻は一命をとりとめた。

妻が意識を取り戻した時、まず聞かされたことは次女が息を吹き返したことだ。礼を述べる妻に、医師は「貴女にかかりきりで私は何もしていません。手術を終えて赤ちゃんを見ると保育器の中で泣いていたのです。これは奇蹟としか言いようがありません」と語った。

鹿児島市で産婦人科医院を開業されていた真田三郎先生は、当時六十歳くらいであったろうか、その顔体つきに俗悪さは微塵もなかった。その病院は建物も設備も古く、蛍光灯がちらちらすると先生自らが新しいものと取り替えておられた。妻の語るところによると、医院の看護婦は六人程いて、先生の人格を反映して大変気持ちの良い人たちがほとんどであった。深夜看護婦を起こし、用を足すのは申し訳ないと、動けない患者は我慢に我慢をするが、我慢し切れる訳はなく呼び出しベルを押す。すると廊下をやって来る看護婦は何か歌謡曲をフンフン口ずさんでいる。はいどんなご用を足しましょうかと溌剌と現れる。疲れた、眠い、イライラ、無愛想な仕草など、全くない。そこで患者はホッと救われた気持ちになる。最近では病院間の競争が激しくサービスとやらの向上を図ってはいるが、この医院の看護婦たちは真の使命を自覚していた。しかし一人だけ未だこの使命を自覚出来ずにいる看護婦がいて、深夜呼び出しベルを押すとき、どうかその看護婦が来ませんようにと願うのだが、運悪く彼女が来ると泣きたくなったそうだ。

私と妻は、生き返った次女に真田の真を貰い真木と名付けた。

妻はひと月入院し、その間私と二人の子供たちは島で暮らした。子供たちは決して愚図るということがなかった。私のような身勝手で怒りっぽい父親を持っていれば、愚図りたくとも愚図れなかったのであろうし、愚図る甲斐もなかったのだろう。長女のぬい子は四歳になったばかりだが、台を作ってやると大きなエプロンを締めて、それに乗って食器を洗った。三日も四日も私が作ったシチューの食事が続くと、流石にぬい子も料理は出来ず、弟の森と手をつなぎ、連れ立って上のオバさん家に上がり込んで、味噌汁とごはんを食べている。

ガジュマルで作った安楽椅子

私はガジュマルの枝を使って、妻が帰って来たら座らせようと安楽椅子を作った。それを見てイチノミヤ氏は「早い者勝ちだからな」と、そこらに転がっている枝や紐や何やかやを使って私の目の前でさまざまな椅子を作った。イチノミヤ氏の言う早い者勝ちとは、人の真似をするのは嫌だから先に作ってやろうということである。それを見て私は即席にものを作る感覚を学んだ。決して御大層なものではなく、また長持ちのするものではないが、それを使う生活は楽しく、壊れたらまた作ればいいという人を束縛しないものであった。

妻と次女真木が島に戻り、私たち家族は五人になった。真木は出生の経緯が凄まじかったためか眠尻が極端に吊り上がり、お世辞にもかわいいとは言えなかった。妻は真木を連れてイクばあちゃんを訪ねた。ジクジクして湿っぽい小

ハァーツと息を吹きかけ魔除けをするイクばあちゃん

さな庭を通り中に入ると、ばあちゃんはやはり囲炉裏を前に座っていた。真木を見せるとばあちゃんは膝に抱きとり「おおこの児か、この児か」と言っていたが、その顔が急に般若の形相となり「ハァーツ」と真木の頭に息を吹きかけた。元の穏やかな顔に戻ったばあちゃんは、ギョッとしている妻に「魔除けをしたのじゃよ」と笑った。ばあちゃんは、こうやってとり上げた赤児の魔除けをしてきたそうだ。

私はお礼に囲炉裏の焚きものにと割った松を持っていったところ、ばあちゃんは「わしゃケサん木がよかがのう」とボソリと一言った。松は煤がひどいのである。もちろん後日、私はケサの木を届けた。

日毎に暖かくなり、真木は順調に育ったが尋常ではない出生にどこか障害が出るかも知れないと、私も妻も心配した。眠っている真木に妻が呼びかけても全く反応がない日があった。こりゃあきっと聴覚に異常があるんだと、耳許で鍋をカンカンと叩いてみた。全く反応がなくぐっすり眠っている。私と妻は顔を見合わせ暗い気持ちになった。何かはずみで妻は紙をクシャクシャと丸めた。そのカサコソいう小さな音が真木をびっくりさせたらしい。まるで雷に打たれたといわんばかりに手足を震わせ、大きな泣き声を上げた。どうも耳は聞こえ過ぎるらしい。異状に吊り上がっていた眼尻も次第に治まり、今でもやはり真木の眼は吊り上がってはいるが、それなりに一応見るに耐えうる顔になっている。

イクばあちゃんとヒノばあちゃん　その三

「シッシッシッ」。掛け声を発しながら、たいしてきつくない坂道をヒノばあちゃんは登って来た。ぬい子と森は手をつないで先に坂道を駆け下り、妻は真木を背負って買い物に出かける。「シッシッシッ」。竹籠を背負い、何か重いものが入っているらしく、ヒノばあちゃんは一歩一歩登って来る。すれ違う時、竹籠の中にプロパンガスボンベが入っているのが分かった。

「ばあちゃん。重いものは私たちが運ぶよ」と声を掛ければ、小柄なヒノばあちゃんは振り仰いで、「やあ、よかのよ。自分で出来るあいだは自分でするよ」と応える。ばあちゃんは、私たちのすぐ斜め下の小さな家に独り暮らしている。私たちがその家の前を通って出かける時、小さな庭の草をむしっている姿をよく見かける。あちこちにホウセンカが残っていて、かわいい花が顔をのぞかせていた。聞くところによれば、ばあちゃんは誰かの後添いとなったが、その人はとうにに亡くなり、子供を持たず、ずっと独り暮らしだという。どこかにまだ小娘を置き忘れ、周りからとり残され忘れられたという風で、そのホウセンカを思わせた。

私たちに頼みごとをしたこともないヒノばあちゃんは、ある日、慌てた風で我が家を訪ねた。「ラジオが聞こえんようになって、見て呉れんやろか」と差し出した小さなラジオは、私が子供の頃いじったイヤホンで聞く鉱石ラジオだった。慎重に扱って来たらしいがダイヤルを動かしてしまったらしく、ただ調整するだけのことだった。

梅雨入りしたころ、家主が明日トビウオ漁に出るが乗るかと言う。私は乗りものに弱いくせして興味もあって乗ることにした。未だ薄暗い中桟橋に下りた。イチノミヤ氏も誘われたらしい。私たちは船頭から指示されて四トン程の二艘に分乗した。湾を出ると、定期船太陽丸の航路とは逆の西に進路をとった。海辺はどこも険しく、岩々が織り成す様は筆舌につくしがたしで、太古の岩層が海から飛び出し、突っ込み、ただただ圧倒されるばかりだ。自生するエラブツツジは黒々とした岩の中で、まだ陽を浴びず、その薄紫色の花々は内から光を放っている。

漁場についたらしく、船を止め用意を始めた。とたんに私は気分が悪くなり出した。二艘は相寄り、肥料袋を細長く切ったビニールの紐を等間隔にだらだら結い付けたロープを、互いに船の艫《とも》に結び、二艘はトロトロと離れつつ引いていく。これでトビウオを追い集めるらしい。二艘は五〇メートル程離れたまま、二十分程トロトロ並び走っただろうか、艫に結び引いて来た小舟で網を打ちながら向こうの船に手渡した。その間私は何かしているわけではないのだが、冷や汗が出て、漁船などに乗った我と我が身を呪い倒していた。朝、出掛ける前に飲んだコーヒーと一欠けのパンなど既に海の中で、もう出すものなどそれこそ一かけらもなく、船縁で悶えていた。

両船は威《おど》しのロープを手繰り寄せ、弧を描いて相寄った。一艘に十人程乗り組んでいて、双方から三人程大声を張り挙げ海に飛び込み、残った私たちはエイッサ、エイッサと網を引き出した。いやこれは正確ではなく、私を除いてと言わねばならない。私は引くというより撫でていると言った方がよろしい訳で、「ソコ～ッ！　ナンシチョットカーッ！」と怒鳴られ通しで、その都度全身で指に力を入れるのだが、とたんに胃袋が飛び出しそうで、私はウォーッサ、ウォーッサなのである。飛び込んだ連中は海の中で手足頭あらゆるところを振り回し、大声奇声を発し、いわゆる瘋狂院でも斯くはあるまいと思う程、手足頭を使って海水をビシャビシャ叩く。私は朦朧とする頭の隅で、「ああ、魚をおどしとんのやなあ。保つやろか」と思った。早朝から午後三時頃までこれを繰り返し、ほとんど魚のかからない時もあったが、一網で二千匹くらいかかったろうか、甲板はトビウオで埋まった。朦朧たる私

穏やかな初夏の日、ヒノばあちゃんは両手に小さな白い紙包を持って現れた

はフワフワ揺れる船と魚に足を掬われ、トビウオの中で泳ぎ回った。昼食時は最悪であった。凪の部類に入る海であったが、エンジンを止めてフワフワする船の甲板で皆弁当を開いた。弁当といっても白飯だけで、トビウオを三枚におろし、歯で皮の端を押さえピッと身から剥ぎ、その大きな肉片を醤油に浸し、白飯を口にほうり込んではその肉片を食いちぎる。私の鼻先にその肉片を差し出しからかう者もいて、私はトビウオの中でほとんど瀕死の態であった。

穏やかな初夏の日、ヒノばあちゃんは両手に小さな白い紙包みを持って、珍しく我が家の土間の戸口に現れた。「こんにちは。今日はよか日和で、遊びに来たよ」と遥か彼方からやってきたように言う。差し出した白い紙包みは子供たちへの手土産で、幾種類かの菓子をチリ紙でくるみ、口をキュッと捻ってあった。妻は土間に据えたテーブルに椅子を勧め、茶を差した。ばあちゃんは明るい土間を物珍しく眺め、子供たちにあいさつをし、茶の振る舞いに礼を述べ、少し口に含んで「都の話でも聞かせて呉れやい」と言った。ばあちゃんは生まれてから島の外へ一歩も出たことがないそうで、昔は多くの人が、特に女性はそうだったのだろう。私たちは、ばあちゃんに都のどんな話をしたのか思い出せない。島に移り住んで再び冬が来て、ヒノばあちゃんは風邪をひいて寝込み、一週間程して亡くなった。その間ちょこちょこ出入りしていた妻は「ばあちゃんはご飯が食べられなくなった。というより、食べるのをやめたみたい」と言った。同じ冬、イクばあちゃんも亡くなったが、どちらが先で後であったか今では思い出せない。

当時、島で亡くなれば土葬に付され、イクばあちゃんもヒノばあちゃんも湾を見下ろす丘に眠っている。

湾を望むこの丘に、ばあちゃんたちは眠っている

先月、新造の上屋久町営船フェリー太陽が就航した。町営船としては三艘目で、四〇〇トンの真新しい船内は今風のラウンジもあり、洒落た椅子が並び、さまざまな設備の充実が図られている。私たちがこの島に移住した頃、太陽丸は五〇トン、栈橋は幅三メートル程で、長さは三〇メートル程海に突き出ているだけであった。大きな船を着けるには大きな栈橋が要るわけで、島民は減る一方だが船や栈橋は大きくなる。五〇トンの太陽丸が入港した頃は、島民こぞって荷降ろしをした。船が入る度に皆、ニコニコ、ワイワイ、ガヤガヤ楽しそうで、栈橋は用がなくても寄り集まる島民の顔合わせ場であった。十年程経て、二〇〇トンのフェリー第二太陽丸が就航した。口永良部港に入った二〇〇トンの第二太陽丸は流石に大きく、皆頼もしさを感じた。船のハッチが開くと自動車が自ら出て来る。フォークリフトが船内に入り、山積みの荷があっという間に出てくる。手渡し作業などはなくなり、島民が栈橋へ出てゆくことも少なくなった。より便利で豊かになればその分、失われてゆくものがある。それは人の心の輝き、気魄であり、人との絆である。

この原稿を書いている時、次女の真木が島へ帰って来たのだが、ポロポロ涙を流している。なんで泣いているのか聞いてみると、それだけ腹が太くなると船に乗ってもらうのは困る、なるべく早く屋久島か鹿児島へ渡り出産の用意をしてもらいたい、といった意味のことを言われたと話す。船の切符を買う時も、何か非難を受けているようで心苦しかったと話す。真木は島のUターン青年と結婚して九月に出産予定で、八カ月になった腹の児の検診のため屋久島へ出向き、就航したばかりのフェリー太陽に乗って島へ戻って来たのである。

初代の太陽丸は屋久島まで二時間二十分要した。その頃の妊婦は出産予定間近まで仕事に就き、家事をし、屋久島に渡った。そんなことで咎められることはなかった。出産は目出度いことであり、太陽丸は小柄で欠航日数は多かったが、生活航路の定期船として、気魄を持つ逞しい船であった。今、太陽丸は屋久島まで一時間四十分で着くフェリー太陽となり、大きく速くなったその利便は、妊婦を目出度いものだと見る眼と心を曇らせ、船内で出産されては困るという、仕事上の利害を中心に考える人の心と社会をいつの間にかつくり出す。

フェリー太陽は観光船ではあるまい。この口永良部島にとっては生活航路船であり、生命線である。一時間四十分の間に、船内で赤児が生まれることなどまずないし、二時間二十分かかった頃でもなかった。出産のために二カ月も三カ月も前から島を出て、親類縁者の許に身を寄せたり、多額の費用を費やし宿をとり、妊婦が良い出産状態に成ると思うのかね。用心しながらも、妊婦は出産間近まで逞しく家事仕事をしてこそ、丈夫な児が産めるというものだ。もし万が一船内で出産の事態になれば、皆誠心誠意、船員も乗客も力を合わせて対処しなければならない。そのためには、出産に対する基礎知識を持つ船員を配置すればよろしい訳で、私たち一般の人々も、出産に臆することなく協力出来る心根と知識を培わねばならない。

月数を超えた妊婦の乗船を規制するということは、安易で非人道的な方法である。それは人類の母たる妊婦を女性を侮蔑することであって、己れ自身を否定することである。分かり易く言うと、一人の女性が我が身を削って腹の中に次代の生命を育み、私たちはその女の腹から生まれる。産み月の近づいた妊婦は船に乗ってもらうのは困るという人の社会は、己れの母を妻を子を、そして全女性をばかにすることであり、女の腹から生まれた自分自身を認めないことである。

特にこの口永良部島は、子供を産み育てる若い人たちを必要とする島である。島の未来を拓くために、そして全ての妊婦の尊厳に対して、生活航路船であるフェリー太陽は、産み月数で乗船規制などせず、町営定期船として対応システムを確立することこそ大事である。

イクばあちゃんやヒノばあちゃんは、私たちを取り巻く今の利便安易に、さほど侵されずに生きた最後の部類の人たちであった。私たちの人生とただ一年程重なっただけではあったが、今の私たちが失っているものを垣間見せ、良き年寄りの役割を果たして下さったと、改めて感謝している。

魚釣り　その一

もう四年以上も前になるが、私が島の公民館長を務めた頃、「口永良部教育振興推進協議会」と、訳の分かったような分からぬような、やたら長い名称の会が発足し、その会長となった。老齢過疎著しいこの島で定住促進を図り、児童生徒を確保しようと当時のＰＴＡ会員からこの会の結成が公民館に要望されたのである。この教育振興推進協議会なる長い名称を持つ会の呼び掛けに、四年以上も経た現在、呼応して来た青年がいる。ビトウ君という青年協力隊二年、家具職四年を経験した二十七歳になる非常に真面目な青年である。島暮らしをしてみたい、自分の住む小屋は自分で建てたい、自分で食べる物は少しでも自分で作りたいと言う。私は成るか成らぬか「ユース・ホステルくちえらぶ」の建物を言わば手造りで建てており、かれこれ三年以上を費やし、現在内部の造作に入っている。私にとってはビトウ君は「飛んで火に入る夏の虫」で、ビトウ君にとっては「渡りに舟」で、両者の利害はほぼ一致しているのである。

さて、大工仕事の休息時にハジキという釣りの話をビトウ君に聞かせたところ、ビトウ君は目を輝かせて是非そんな釣りをしてみたいと言う。私は再びこの島に移り住んで以来ほとんど釣りをせず、もっぱら貰い魚を食べるのが専門なのだが、聞かせた以上は、ビトウ君をハジキ釣りに連れてゆかなくてはならない。

私は二十六の歳に島暮らしを始めて以来十年、釣りばかりしていたと言っても可笑しくはない。近所のオジが釣り竿に適したコサン竹の群生する山へ連れて行ってくれたのだが、以後毎年その山で、一年分の竹竿を切った。コサン竹の林は、島の至る所で自生する琉球竹と違って美しい竹山であった。枝ぶりや葉の繁り方に何か透明感があって、中に踏み入っても気持ちがいいのである。しかし竹の子の味に関しては琉球竹には敵わない。これだと思う竹をゆすって、竿先が整っているか確認してから切った。これはモハメ竿、これはへき竿、これはハジキ竿と竹をゆすり一年に必要な本数を切った。切った竹は持ち運び易いように、大まかに鉈で枝を落とし、山の至る所に絡みついている葛で束ね、家に持ち帰った。

庭先で枝を丁寧に切り落とし、それを砂浜に持ってゆき砂で竿を磨くのだが、竹に付着した挨を落とし表面に傷を付けるのである。そして海水で洗い戸外に干しておくと、ひと月程で軽い腰のある釣り竿となる。火を焚いて竹を炙り、滲み出た油を拭き取り、曲がりを矯正する方法もあるが、私には竿先が少し曲がっている方が見易く、そこまでする必要は感じなかった。

庭先に干した竿がだんだん軽くなってくると、つい手に取って魚が釣れた格好をしてニヤニヤするのだが、そういう時、決まって妻はバカにした表情を私にして見せる。フッヒッヒ〜♪　バカにされようが楽しいもんは仕方ないねホッヒッヒ〜♪

妻もたまには魚釣りに連れて行けと言うことがある。イヤなことである。妻など連れてゆけば道具を作ってやらなければならないし、餌も付けてやらねばならない。釣れたら魚を鉤から外してやらねばならないし、悪くすれば私も釣られそうで、大名釣りのお供は御免である。ましてや妻は足の届く所では泳ぐ真似は出来るのだが、足が届かないと分かるとパニックを起こし溺れるのである。妻にしがみつかれて二人もろとも海の藻屑と化すのは大いにあり得ることで、とにかく釣りは独りがいい。

島の釣りで初心者でもよく釣れるのはベラやモハメ。モハメはブダイのことで、藻を食むことから付いた島の呼び名である。モハメにも沢山種類があって、総じてカラフルで、青、赤、緑、黄、ピンク、紫など、けばけばしくラッカー仕上げされたような魚で、頭部はインディアンの戦士さながらに赤や緑の縞模様を施しており、初めは私も「食べれるんかいな」と思った。しかしこれが実に旨いのである。刺し身にすると薄いピンクがかった白身で甘みがある。小さいものはブツ切りにして塩を振り、そのまま油で揚げると鰭や小骨までカリカリと食べられる。島

大名釣り

で釣れる魚はほとんど食べられるわけで、どんな魚も獲りたては実に旨い。鱗を剥ぎ腸を取る時に、数種の魚は気を付ければよいだけである。

　私は釣り餌としては大概舟虫を使うのだが、魚によっては切り身や小魚を使うこともある。島ではこの舟虫をアマメと呼ぶ。ゴキブリを可愛くしたような虫で、私も初めは何だか気色悪かったが、岩の上にゴマンといるこの虫で魚が釣れるんだと思うと、なんだか愛しくなって、背を撫でてやりたくなるのね。近頃では島民もオキアミやエビを店で買い、このアマメを捕る姿が見られなくなった。アマメは夏の暑い時期は海辺の岩の上にビッシリいて、壊れた傘の布を利用して作ったアマメ捕り器であっという間に捕れる。このアマメ捕り器は、二股になった小枝の一方を切り取り、その付け根と一方の枝の先を丈夫な紐で引っ張り結ぶと、柄の付いた弓形のものが出来る。その弓形に古傘の布半分を縫い付けてゆくと漏斗状のものが出来る。その下をポリ容器が入るくらい切り取り、古靴下を縫い付け、その中に長いコップ状のポリ容器をスッポリと収める。これを片手にもう一方には葉の付いた小枝を持って岩場にゆき、布を縫い付けた紐の部分を凸凹した岩に当てると、だいたい隙間なく岩に添うのである。小枝でポンポンと岩を叩くと、アマメはそれを避けてゾロゾロと移動するわけで、アマメ捕り器の方へ追い遣るのだ。アマメはバカだから、捕っている私も似たり寄ったりではあるが、ゾロゾロその中に入ってゆく。たっぷり入ったなと頃合いを見計り、アマメ捕り器をバサバサとゆすってやると、ポリ容器に落ちて這い上がれなくなるのだ。これを数回繰り返せば、あっという間に釣り餌はＯＫである。

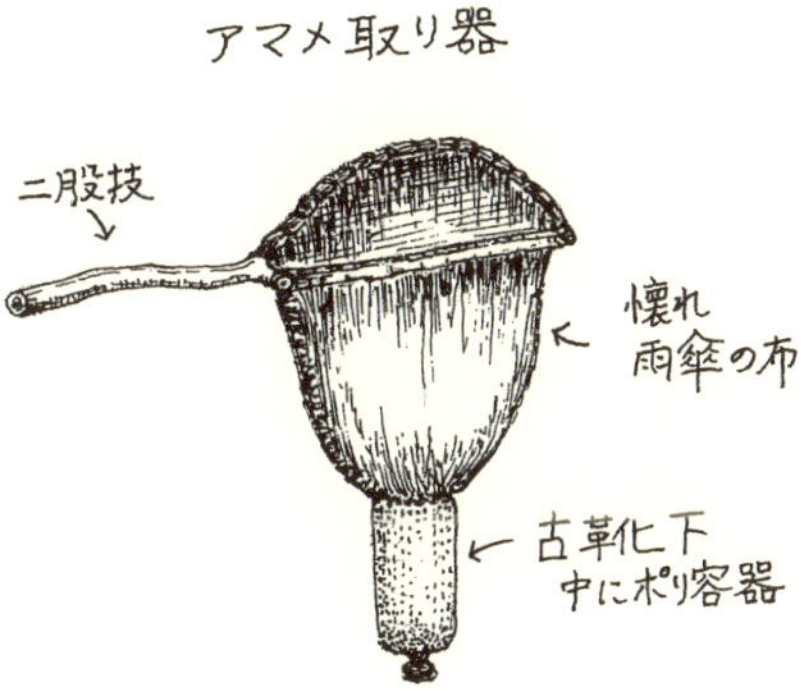

　さあ皆さん、釣りに出掛けるぞ〜。

　魚は潮が満ちて来る時の方がよく釣れる。

また少々波があった方がよい。晴れているより曇っている日の方がよいようだが、限ったことでもない。時化たあとは魚も腹が減っているのだろう、食いがよい。今日はモハメ釣りをしよう、アカジョガセにゆくか、いやクロダガセにしよう、女房が連れて行けなんて言わなければいいがなあ。

クロダガセは潮が引いていれば、足を少し濡らすだけで上がれる岩場である。この岩場は北に向いた口の広い湾にあって、当時の我が家から松林の中を縫い歩いて、三十分程の所にある。途中に大きな岩の割れ目からこんこんと湧き出る水場があって、行き帰りにそこへ頭を突っ込んで水を飲み、涼をとった。

ホウロクイチゴを家族で摘む

六月頃、松林の中は群生するホウロクイチゴが赤と黄の実を、濃い緑の大きな葉の間にいっぱい付けており、立ち止まってはその実を摘み口に入れる。実にはひげが付いていて、口に入れると少しもしゃもしゃするのだが、甘酸っぱい良い味がして喉の渇きを癒してくれる。家族揃ってそのイチゴを摘みジャムにするのだが、よく晴れた日に摘まないと雨臭ジャムが出来る。この雨臭ジャムは子供たちが付けた呼び名で、食べられぬことはないのだが、何となくカビ臭い味がする。赤より黄の実の方が甘く、子供たちは摘むより食べる方が多く、妻はせっせと摘む。私はすぐ飽きて魚釣りに逃れようとするのだが、妻はそれを許さない。

先ずアマメをひと握り両手でゴシゴシと揉み潰し、釣り場に撒く。ぐちゃぐちゃする手を潮溜まりで洗い、竹竿に糸を結ぶ。鉤を結ぶ糸は、魚に切られたくないから初めはなるべく太いものを使い、食いが悪い時は少しずつ糸を細くしてゆく。逃げた魚の口に掛かった鉤はいずれ海水で錆び落ちるかも知れないが、ナイロン糸はいつまでも残るからね。鉤から三〇センチ程離して、米粒程の噛み潰し鉛を二、三個付けて、海にポチャリ。

小魚がまず餌をむしる。餌の回りを小魚が泳ぎ回り、大きなやつが少し離れてゆったり泳いで餌を検分している。あれはアカサだな、あれは旨いからなあ。コッン・コッン、オマタンコだな。まだまだ、さあパクッとやれ。ヨッ餌を取られた、ん、いま通り過ぎたでっかいやつは何だ。ああ青バチだな、よしよしちょっと待ってろ、いま釣り上げてやるからな。

竿先がクーッと下がる。来た、手首を使って竿を跳ね上げる。かかった、竿がグッグッグッと音を立て根元からしなる。さっきの青バチだ。思ったより大きいな。引き込まれるなよ。腕を伸ばして竿を立てるんだ。グッグッグッ、なかなかしぶとい奴だ。少し弱ってきたな。青バチは水面まで上がって来て、バチャバチャやったかと思うと力を振り絞ってまた潜り込む。まだ糸を手にとるのは早い。これを何度か繰り返すともう潜り込む力もなくなり、海面をバシャバシャやるだけである。

糸を手にとりソロリソロリと引き上げる。鰓に手を入れ喉を引き裂き首を折る。刺し身にする魚は、こうやって血を抜くと格別に旨いのだ。

釣りも熟練して来ると、竿のしなり具合いや魚の動き方で、大きさや種類、そして雌雄の違いも分かるものである。また餌のむしり方でも、ほぼ見当がつく。それによって竿の合わせ方も若干違ってくるのである。釣れた魚がほとんど小魚でも、食べる分を釣ったらもう帰ろう。小魚でも料理の仕方で旨いのだ。つい釣り過ぎたら、干物や酢漬けにして保存食にするか、近所の爺さんや婆さんに食べてもらおう。そして皆さん、海の恵みに感謝しよう。

※前号に掲載された私の文で、妊婦に対する上屋久町営船のあり方に触れた部分に、不満の声が届いているとのことである。その不満の声とは、看護婦か保健婦を島へ派遣して乗船の対応をとる施策を定め実施したではないか、ということらしい。

原稿を編集者に発送した後のことであるが、町長に直接島の実状を訴え見解を糺したところ、フェリー太陽は口永良部島にとっては生活航路船であり、必要なときは看護婦もしくは保健婦を派遣したいと返答を受け、それは直ちに実施された。私たちは誠に感謝している次第である。

さらに私たちが望むことを申し上げれば、派遣要請などせずともいつでも自由に妊婦が乗船出来ることが当たり前であり、望ましいのである。いくら口永良部島の妊婦といえども陣痛が始まってから乗りはしない。私たちにも常識はある。少なくとも予定日の一週間や十日くらい前から島外に出て準備はする。二カ月も三カ月も前から親元や縁者に身を寄せる気苦労は、皆さんもお分かりであろう。ましてや旅館や民宿を用いるとすれば相当の費用が要ることも、お分かりであろう。慣れた生活から離れ、永い月日を過ごす妊婦の心身が、出産の状態に良いと思われるだろうか。

妊婦にとって有り難いのは、皆さんが目出度い眼で見てくれることであろうし、もしものことがあればいつでも協力するぞという皆さんの心根であろう。

魚釣り　その二

冬、島に北西の風が吹きつけ海辺が白く泡立つ頃、私はいそいそとハジキ釣りに出掛ける。ハジキ釣りとは、糸を手にとって魚を上げることが出来ない荒海で、四尋半程もある長く太い竹竿で大きな魚を後へ弾き飛ばす釣りである。ちょっとカツオの一本釣りに似ていて、豪快な釣りで緒構危険な釣りでもある。

島の青年が波に攫われたか足を滑らせたか分からぬが、この冬の海で死んだ。私も何度かヒヤッとする目に遭っている。島人も多くが年を取り、竹籠を背負い腰には餌籠を付け、長竿肩に白く泡立つ岩場を転々と釣り歩くこの釣りに行く人はもういない。私は大小合わせてかなりの数の魚を釣り、もうあまり釣りには執着はないが、竿から伝わって来る大きな魚のあの手応えを思い出すと、このハジキ釣りにはまた行こうかなと思う。

獲物は主にシツ、ワカナ、スバチ、ツブセなど磯魚で、潮具合が良い日は籠一杯になることもある。主によく釣れるシツ（イスズミ）は魚らしい姿をしており、非常に引きの強い魚である。一キロ〜二キロくらいのものがよく釣れるが、たまには三キロ程もあるのが釣れる。冬のシツは脂が乗っていて、皮を焼いて刺身にすると何とも香ばしく、島人の好む魚で、街ではまず目にすることも口にすることもない。ワカナ、スバチは共にメジナの一種で、シツ程の引きの強さはないが上品な肉質の魚である。

ツブセ（イソゴンベイ）は柄は小さいくせに口が大きく、大魚並みの餌の食い方をする。骨は固いがしまった身は鍋物にすると実に旨く、大きいものは刺し身にも良い。

餌はやはりアマメ（舟虫）を使うが、冬場はこのアマメも岩や石の下に這い込み日中はほとんど姿を見せない。しかし夜の干潮時には何か餌を探すのだろう。ゾロゾロと水辺に這い出て来る。夏の暑い時期は非常にすばしっこ

ハジキ釣りの勇姿

く手ではなかなかつかまらないのだが、夜、懐中電燈で照らすとじっとしていて、大きなアマメを選んで一匹ずつ素手でつかまえるのである。腰に下げた小さな竹籠は、口にプラスチック板などで虫が這い出られぬようにしてあり、二十分程かけて手で一匹一匹つかまえそれに入れると、一日分の餌はＯＫである。

さて餌もとれた、明日の風はどっちかなあ、東寄りならノザキにゆくか、北西が強ければニゴリだな、まあ風次第だ。潮時によっては朝まだ暗い内に起き出し、岩場に着いて道具の用意をするのだが、竿先から三尋程は三十号の糸を付け、あとの一メートル程は二十号の糸で、大きな石鯛鉤かアジ鉤を結び、四〇センチ程離して小指大の鉛を付ける。大きな魚を弾き飛ばすために糸の長さは竿より一尋程短い。そして岩場を移動し易いように鉤を竿に引っ掛けるようにしてある。さあでっかいのを釣るぞ！

この窪みの向こうは少し深いな、白い泡立ちも申し分なし、足場も確りしている、右に弾き飛ばせばいいな、よしここから竿を出してやろう。

大きなアマメをつまみ出し、鉤に付け、竿を振って白浪の中にポチャリ。餌が深く入り過ぎないように竿をあやつるのである。目指す魚は瀬際の表層近くにいるのだ。魚から感付かれないように気を付けなければならない。

竿を下げ過ぎて鉤や錘が岩に掛かれば、二十号の糸は、竿と一本にしてズルズル岩場を後退しないと切れないのだ。ましてや上部の三十号が引っ掛かれば、糸を肩に全身で退らないと切れない。カツン。竹竿を通して手に伝わった。いる、いる。竿を上げるときれいに餌が取られている。このシツという魚は上顎が固く、思い切り竿を跳ね上げないと鉤が食い込まず、よく逃がすのである。カツン。うふふ、慌てるなよ、まてよ次の波は大きそうだな。退散退散。波は周期的に大きいのが来る。七つに一つは大きい。しかも思わぬ大波がたまにやって来る。その前には潮がぐーっと変に引くので何となく分かる。そんな時はすたこらさっさと一段高い所へ避難するのだ。怖がり屋でないと、この釣りをしてはいけない。波を見計らってまた竿を出す。

カツン。思い切り竿を跳ね上げる、ガツンと岩を引っ掛けたような衝撃が体を走り、ゴーッと竿が唸る。引き込

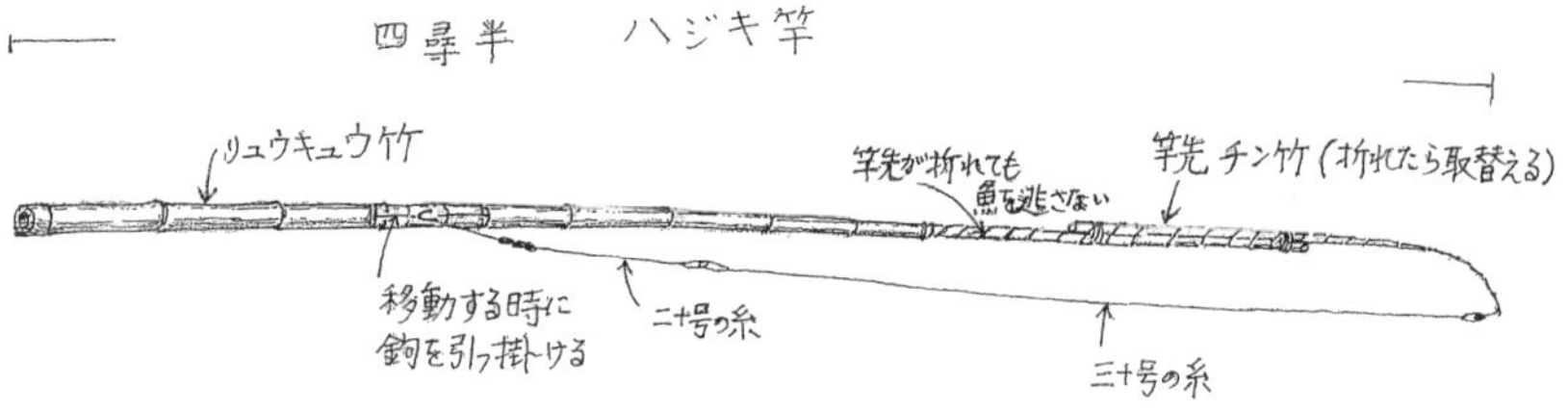

まれる竿を必死で持ち堪えるのだが、グッグッグッ、魚の重みが竹竿を伝って来る。堪え切れずに魚は方向を転じる。今だ！　満身の力を込めて竿を引き上げるのだ。ブワーン。えび反った大きなシツが私の胸の辺りを飛んでゆく。後の岩にブチ当たったシツは鱗を飛ばして、バチバチバチ、凄い音を立てる。バチバチバチバチ。

　手で抑えられず足で胴体を踏みつけ、鰓に手を入れ喉を裂き、両手で頸をへし折るのだ。ボキッ。喉から血が噴き飛び、身はピクピクと動き続ける。私は手を血で染め大きく息を吐く。まず一匹、今日は大漁するぞ〜。よしもう一匹だ。竿先がクッと下がり思い切り跳ね上げる。プーン。小さな魚が遥か頭上を飛び、鉤から外れて後方の岩の陰に隠れてしまった。やれやれツブセだな。柄は小さいくせに大袈裟な奴だ。たまにどこへ飛んで行ったか探し当てられないこともある。

　ハジキ釣りはこういう具合に磯を転々と伝いながら、竿を出せる所を釣り歩いていくのだが、近頃ではこの釣りをする人はもういない。十数年振りに私はこのハジキ釣りに出掛けたのだが、やはりよく釣れた。もちろん釣れない時もあるがね。舟虫を餌に、太い糸、鉤、竹竿を使う。この豪快な釣りを、何故島人はしなくなったのか。島人の多くが年をとり足腰が弱ったわけだが、若い人たちにはもう生活の厳しさや糧を得る意味は既になく、釣りは単なる楽しみとなっている。昔から釣りは楽しいものである。しかし糧を得る意味は大きかった。そしてさまざまな工夫を凝らした。近年、釣り道具類の精度強度はますます高まり、オキアミやエビなど餌も手軽に入手出来るようになった。島人たちもこの頃では、如何に細い糸や鉤で大きなまた価値ある魚を釣ったかが話題になる。鹿の角を削って鉤《つりばり》を作り、それで釣ったという方が余程面白

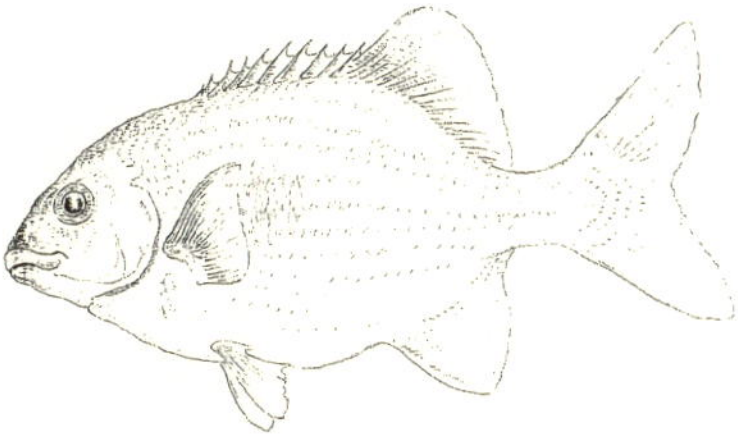

シツ

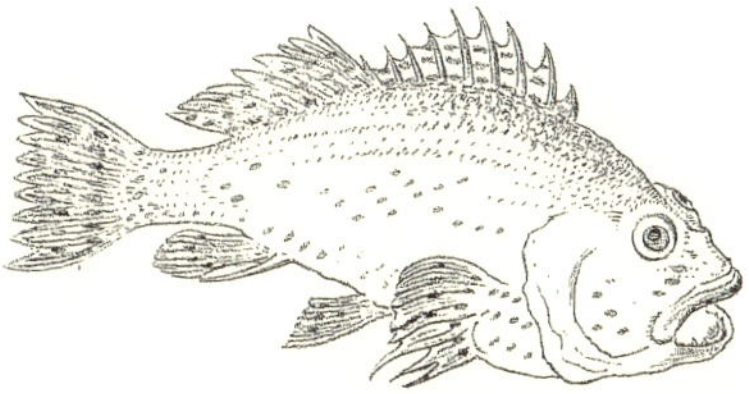

ツブセ

いと思うがなあ。暇が出来たら、バショウかバナナか何がいいだろうか、糸を縒り、骨や角を鉤に、錘は石コロで竹竿使って釣ってみたいなあ、などと私は思っている。

さてこのハジキ釣りをしてみたいと言うビトウ君に、竿作り、餌捕りを教え、何度も磯へ出掛けた。ビトウ君は大きなシツを幾匹も釣り、そして逃げられ、モハメ、スバチ、ツブセ、ベラ、カワハギ、サンカン、ノブス、ウナダカ、キダカ（ウツボ）も釣った。もう独りで何もかも出来るようになっている。竹竿を使い、太い糸、大きな鉤、そしてアマメを餌に、「撒き餌もせず釣れるこの島は、本当に豊かな海だ」とビトウ君は言う。この豊かな海を前に、私たちは足ることを知り、自然を相手に人はどう生きねばならぬかを、哲学しなければならない。他の生きものと人は同等であると、覚悟出来る人であらねばならない。正直、私も多くの人たちと同様、覚悟の至らぬ人間である。しかし真面目にそう思っている。

当時、私たちの住む家は桟橋から歩いて数分の所にあり、この桟橋は三〇メートル程海に突き出ているだけで、絶好の釣り場であった。この島に初めて足を降ろした時、桟橋が魚だらけであったのを今でも憶えている。「何とまあ、魚だらけの島ではないか」と思った。

ちょうど桟橋の周りがキビナゴの群れで真っ黒になっていて、子供も年寄りも竹竿を手に桟橋の上を走り回っていた。小鉤を沢山付けた竿でキビナゴを引っ掛け、まだ生きているその小魚の目に鉤を通し、それを餌として釣っているのである。またたく間に細長い魚が釣れ、たまにカマスやアジなども釣れている。私は正直呆れた。

細長い魚はヒエンロ（アカヤガラ）やサンカン（ダツ）で、ヒエンロはラッパのような口をしており鱗がなくヌルヌルしているのだが、小骨が全くなく鍋物やフライに絶好で、子供たちにも食べ易い魚だ。釣れたら焚き物のように束ね、縛って持って帰ることから、タッガラとも呼ばれている。サンカンは長い嘴に鋭い歯を持ち、骨は青く、塩焼きや干物にすると旨い魚である。

私のもっぱらの釣り場はこの桟橋で、早朝未だ明けやらぬ中、竹竿担いでいそいそと桟橋へ出た。突端にどっかり座って竿を出し、釣り糸を垂れているだけで気持ちよい。空が白み、正面の火山新岳が静かに岩肌を見せ始め、海の底が見え出した。魚の姿は全くなく、まあそろそろ出て来るだろう、と眺めていると、急に大きな、私くらいありそうな魚がゆったりと通り過ぎた。ギョッとして眼を凝らし真下の海底を見詰めていると、次いで一回り小さい魚が数匹後につづいた。私の垂れる糸には何の反応もない。次いでまた一回り小さい魚が数を増し通り過ぎた。私は釣りなど忘れて海の底を眺めていた。だんだん魚は小さくなるのだが数は増す一方で、その行列の最後尾は小指程の夥しい小魚であった。

さまざまな色が華やかではあるが、どことなくお伽噺の光を放っているのを、私は見たのか思ったのか、唯々見惚れていた。

あの魚たちはきっと龍宮城へ行ったに違いない。私も泳ぎが達者であれば付いてゆき、龍宮城で海の生きものたちの踊りや歌声を見て聞いて、何百年も愉快に暮らしたであろうに、残念ながら私は龍宮城へ行きそびれてしまった。

余話① 私がバンザイした話

バンザイにもいろいろあって、島では教職員の移動や運動会の終了時など、年に三回くらいはバンザイする。このバンザイは、私の若い頃の東京暮らしでの本当に嬉しくてバンザイした話である。

妻と一緒になって実にさまざまな職に就いた。職に就くというより、さまざまなことをして金を稼いだという方が当たっているネ。兄と二人で廃品回収業を始め、当時私は車の運転免許を持たず、兄がハンドルを握り私はマイクを片手に声を張り上げた。「毎度おなじみのチリ紙交換です。……ご家庭で不用となりました古新聞・古雑誌・ボロ切れ……」。このマイクとスピーカーが、当時世間を賑わせた未解決の三億円強奪事件に使われたものと類似していた。この線から刑事の追及を受けるのだが、バンザイした話とは無関係である。今になって、次女の真木はもしやしてと思うらしく、「三億円出してくれたらお父さんを尊敬するんだがなあ……」などと不埒なことを言い、妻は私のノータリンさと意気地のなさをよく知っているので何も言わない。

廃品回収業は思わぬものが出たりして、体は使うが面白い仕事であった。骨董の類いや古本屋に売れる本、まだ使える家電製品や珍しい衣類、麻雀パイもあった。それをトイレットペーパーと交換するのである。兄は無類の本好きで、「この本はドコドコではこのくらいで売っている、ナニナニ書店ではこのくらいだ……」と、沿線の古本屋での値段を全て知っている。結果、兄は大阪で古本屋を始めた。今は店を畳み自分の家が本で潰れると言って、一年に一〇〇キロ以上の本を送り付けてくる（島が沈んでしまう）。私の友人知人連中も島を本の墓場とでも思っているのか、計画中の私と妻の老後の家は島の図書館と化すだろう。

さてこの思わぬものを集めて、私と兄は大学の前でノミの市《いち》を開いた。麻雀パイはすぐに売れ、動く家電製品もよく売れ、重いものは宅配した。美術大学の前なので妻の持っている太い筆やパレットも売った。私は細い筆や面相筆を主に使うので、妻の太い筆は不要だった。これを今でも妻は恨めしく思っているようだ。私は少し金が貯まると無くなるまで働かなかった。

さて、バンザイした話だが、私はいつも通り金が無くなるまで働かなかった。当時は国立市の一橋大学の裏手にある、二軒長屋の一方に住んでいて、長女のぬい子は三歳になっており、長男の森は一歳でまだヨチヨチ歩きだった。妻は例になくキッパリした口調でこう言った。「お父ちゃん！　もう五円しかありません」。私はドキリとした。とうとうきたか。嫌でも働かねばならない、即金が要る、仕事を選んでいる暇はない、奥の手を使うしかない。非常時のこの奥の手は、印カンさえ持って朝早く起きて並べば、ひたすら夕方五時まで辛抱し、体さえ動けば一日千三百円稼げる。隣りの市にあるビール工場の臨時作業員である。私の移動手段は自転車か我が足で、自転車は草叢に乗り捨ててあったものを、茶のスプレー缶塗料で塗り替えたもので、確か泥除けに「鮨」と書いてあったのを記憶する。これは我が家の自家用車でもある。

私は歩くことは御手の物であるが、歩けばやはりかなりの時間が掛かる。翌朝早くビール工場へ自転車で出掛けた。私のような人間が結構いて、金網の門の前にはかなりの人の列ができていた。私も並び、やがて長蛇の列となる。かなり待ち、係の人が来てガチャガチャ門を開き、一人ひとり確認しながら中に入れていった。私の前の人も中に入り、私も当然入れるだろうと一歩前に進むと、係の人が片手を広げて前に突き出し、門をガチャリと閉め「今日はこれまで」と言った。

私は一瞬ポカンとしたようだが、次いで猛烈な喜びが湧きあがり、金網の前で係の人に、そして後に続く人たちに私はバンザイをした。係の人は金網の向こうでキョトンとしていた。

私は自由だ！　私は自転車を漕いだ。ペダルは軽く、西へ行ったことのない所へ行こうと思った。眼に入る全てのものが輝いていた。丘の上で妻が持たせてくれた、キャベツの千切りに塩をふっただけのものを挟んだ耳パンのサンドイッチで昼食を摂った。嬉しくてポロポロ泣きながら食べた。私は子供の頃はほとんど泣いたことがなく剛情な児だと言われたが、大人になるとあべこべにすぐ泣いた。ものごとはつじつまが合っていると私は思うネ。要するに人が流す一生分の涙の量は決まっているんだと私は思うヨ。

その日一日、私はサイクリングをして家に帰り、妻に今日あったことを話し、金にならなかったことを話し、バンザイしたことも話し、サイクリングした話もした。妻は笑って良かったねと言った。妻は五円しかなくともなんとかやってくれるだろう。次の日はもっと早く列に並び、私の前には数人いるだけだった。

余話② 再び街暮らしをして

十年住み暮らした島をスタコラサッサと逃げ出したワケだが、私も妻もいずれ島に舞い戻るだろうと思っていた。鹿児島の志布志《しぶし》から大きな船に乗って大阪へ。私と妻の心は軽々としていたが、私たちを迎えたのは大阪湾の真っ茶色の海だった。子は親を選べない、イイ面の皮は私と妻の子供たちだった。山陽本線・姫新《きしん》線を乗り継ぎ一路本竜野《ほんたつの》へ。まだ田畑、山が残る地であったが、新興住宅と工場が犇《ひし》めく地でもあった。借家は駅から歩いて五分程、古い農家屋で、家主は敷地内に新しい住宅を建てて住んでいた。周りを瓦を乗せた土塀がとりまき、裏には潰れかけた土蔵があり、私たちの方がよほど家主のようであった。

この借家で夜、旧式のステレオでバッハのレコードを聴いていると、きっとここの古い住人だったのだろう、回るレコードが珍しく、ちょっと触れたのだろうか、ウワ〜ン、ウワ〜ンと音が乱れた。こんなことは島でもあったネ。宿を建築中で先にその敷地内の廃屋を修理して暮らしていた頃のこと。ちょうど寝入ろうとしたとき、ザッザッザと草履の音がした。直感的に恫喝している音だと判断した。私は怒り「ウルサイ」と一喝した。勿論その後二度とそのような音はしない。

私はあの世とこの世の接点があると思っていて、そこに故意に触れようとする人は、あの世の人であろうがこの世の人であろうが、私は許さない。レコードのウワ～ンウワ～ンは悪意がなかった。この世で国が国に介入するのをテレビなどでよく見聞きするが、私はマチガッテイルと思う。側から見ていてヒドイ社会、国だと思っても決して介入してはならない。彼らに任せるのだ。私たちが気付かねばならないことは、それ（介入すること）を利用しようとする人がいることだ。分かり易く言えば、これでひと儲けしようとする人がいるということだ。この手の人は女、子供、多数の人が死のうが、それを望まぬとしても利益が優先するのだ。これに該当する人はこんな文章などは読まない。仮に読んだとしてもよそごとだと思うだろう。

長女は歩いて五分程の中学校に通い、長男と次女は中学校の近くの小学校に通った。どちらも島の小中学校とは違って多くの子供たちが通った。長女は人の表情、気を読むのが速く、新しい街、学校にもすぐ慣れたようだが、長男と次女はカラカワレ、イジメラレタようだ。長男森は成績が良いワケではないが、島では子供が少なく学校のどんな役でもしなければならなかった。森にダメージを与えようと、いきなり地区子供会の会長役を仰せ付けたところ難なくこなし、ヘビを目の前に突き付けられても、島では毒ヘビはいないがヘビはいっぱいいてこたえなかった。クラスのイジメっ子（女児）にクツを隠され、その様子を見付けた次女真木は皆に恐れられているそのイジメっ子を組み敷き、そのクツでボカボカ殴った。その担任教師は見ているだけで止めなかったそうだ。島の子をナメタラアカン。次女は次に転校した学校でも逆バージョンのイジメを受けた。つまりイジメっ子（やはり女児）は今までのイジメが効果ナシと見るや、自ら学校を休みイジメられていると担任教師（男性）に訴えたのである。相手にされないことはイジメられているという理屈だ。この男性教師はイジメの実態を把握していなかった。私は子供の頃、イジメルこともイジメラレルこともなく過ごしたと思っているが、果たしてそういうことが気付けなかったのか？　これだけ今イジメが深刻となるのは、私たち大人の心の衰退が最大の原因だと私は思うのだが、皆さんは？

私たちはかつての農耕型社会から消費型物質文明に移行した。これに伴い私たちの心も変化発達しなければならないのだが、心は逆に衰退したようだ。世は、安心、安全、便利、さらにＩＴ化し、本来ならそれに沿って心も深化しなければならないのに、逆に心は軽薄化している。

この本竜野市は三木露風《みきろふう》の「赤トンボ」で有名だが、街でもなく田舎でもない住民のささくれが私と妻には感じられ、兵庫県ではあるが大阪府のすぐトナリの川西市《かわにし》に移転した。ココでも子供たちはイイ面の皮で、当時どこの学校も荒れていて、人は世の移り変わりに心が追い付いてゆけないようで、島の暮らしが懐かしく思えた。

島暮らしで覚えた瓦葺を利用して、古本屋で買った『日本の瓦屋根』で独習し、私は低価格の屋根葺き店を開業した。土日祭日は、一日中傷んだ屋根を見て営業した。慣れると下から屋根を見るだけで屋根の傷み具合が分かった。よく警察官から空巣狙いではないかと職務質問を受けた。低コストつまり現在使用されている瓦を降ろさず良い瓦はそのまま使う手工で、顧客には締め直しと称しこれは大いに承《う》けた。自身で営業施工をするワケだから低コストとはいえかなりの収益があった。私はいつでも止められるように職人さんに割高の日当を支払い、一現場終わる度に給料を支払った。私のポケットには当時いつも百万円は入っていた。未収金もかなりあり、長女はその権利をくれと言ったが、結局うまくいかなかった。いくら口から先に生まれた長女といえども、そう簡単には集金出来ないネ。数百万円サッと支払う家もあれば、数十万円の仕事に集金に行く度に、数千円しか支払ってくれない家もあった。もうチョット努力して頂けませんかネ。私は頬に傷のない優男（本当だ！）で、ナニカ迫力がなかったのだろう。敵もさる者、いまとなっては完全時効である。

これは余談だが、人材派遣会社に勤め女の園に派遣されたことがある。妻に命じて（？）ズボンにアイロンを当て白いワイシャツを着てネクタイを締めて出勤した。私は、大概イヤイヤ仕事をするのだがこれは進んで通ったネ。電車通勤も苦にならなかった。どんな女の園か？　大阪の透析専門の大きな病院で看護師、事務職員全て女で、唯一係長は男でウルサカッタネ。私の職種は夕方から翌朝皆が出勤して来る間の電話番であった。私は大の電話嫌いだが仕事であれば仕方ない。受ける一方の仕事で、通院中の患者の家族から容体が急変したとの電話や救急隊から搬送依頼の電話受け付けで、その都度病人のカルテを用意したり、当直医師や看護師への連絡業務であった。この仕事をして実に同姓同名が多いことを知り、カルテを用意する時気を付けなければならなかった。電話をしてくる人は大概動転しており、まず相手を落ち着かせることが大事であった。相手が話し終えるまでひたすら聞くこと、これは何事にも通じているようだ。私の仮眠室は霊安室のトナリにあって、深夜早朝看護師の交替時、皆小走りに前を通り過ぎるのが可笑しかった。

そんなある深夜、妻から電話が入った。「ぬい子が帰宅途中暴漢に襲われた。すぐ後から人が通り大事に至らなかったが、ヒドクオビエテイル」とのことであった。私は翌日即会社をヤメタ。長女ぬい子は中学校を卒業して高校には行かず、昼は服飾学院に通い、夜は尼崎市にある劇団に通った。帰宅はいつも深夜を過ぎ、派遣会社に勤めた私は長女を迎えに行くことが出来なかった。以後長女が北海道の〝富良野塾〟に入塾するまで毎晩駅まで歩いて迎えに行った。

私たちが再び島暮らしを始めたことは、こんなことやらが影響してもいるようだ。

余話③　「ワーが死んだ」の余談

文中でも言っているが、私は生きものが好きでも嫌いでもない。近くにいてもいなくても構わない。動物と自ら関係を持つことはないのだが、文中に登場する雌犬クロは、兵庫県川西市に住んでいた頃飼う破目になった。何の用があったのか、私は近くの小学校の前を歩いており、確か小雨が降っていたと思う。その時赤い首輪をした黒い仔犬が、尻尾をふりふり私の足元に寄って来た。私は辺りを見回し、捨てられたなと直覚した。首輪が赤いので雌だと思った。

私は仔犬などと関係を持とうとは思わないし望まない。ちょうど小学校の前で、ちょうどその中から傘をさしてフンフン鼻歌を歌いながら脳天気な娘が出て来た。私はシメタ！と思い「お嬢ちゃん、ホラ可愛い仔犬だねぇ」。赤ずきんに出てくる狼そっくりな声音《こわね》だなあと、我ながら感心し「きっと捨てられたんだよ。君に飼って欲しいと言ってるよ」。娘はキッと私を見た。脳天気な娘だと思ったが手強そうである。近くでこの様子を誰かが見ていたら、きっと私のことをヘンタイ男と思っただろう。少し考えて娘は言った。「私は飼ってあげたいんだけど〜、きっとお母さんもお父さんもダメって言うよ」。仔犬は私より娘が気に入ったのだろう、娘の赤い靴先をペロペロ舐めている。それを見て気を強くした私は、「ホラ、こんなに君に飼って欲しいと言ってるやん」。娘はまだ考えている。「お母さんがダメって言ったらどうする」「その時はオジさんに電話すればイイヨ」。これがマチガイの元であった。

決して若い娘に自分の電話番号など正直に教えてはナラナイ。また正直に教えたものである。また娘もしっかり番号を覚えてクロを連れていったものである。とどのつまりはクロは私たちが飼うことになり、川西ではよく通るきっと飼うことになると高《たか》を括《くく》った。私も必死になった。可愛い盛りの仔犬である、娘が連れて帰れば

老人に傘で突つかれ、口永良部島では繋がれもせず、しょっ中ネコのケンカに割って入り、そして死んだ。

余談の余談になるがここで記しておこう。余談とはいえ非常に重大なことなのだ。私は見ざる言わざる聞かざるの世に生きている。何も見ないし見えない、何も聞かないし聞こえない、そして何も言わない。ところが妻は見ちゃった、聞いちゃった、言っちゃったの世に住んでいる。

ずっと前、下宿暮らしの頃、私と妻二人ともよく歩いた。妻はピタッと止まり聞こえるという。私には何も聞こえない。妻に伴われて数百メートル歩くと、道端に仔ネコがミャアーミャアー鳴いていた。当然私たちの下宿に連れてゆく。妻と散歩する度に仔ネコが増えてゆく。今日も散歩していると妻がピタッと立ち止まる。私はドキッと

する。数百メートル歩くとやはり仔ネコが捨てられている。私には全く聞こえず十数メートルまで近寄ってやっと聞こえる。私たちの下宿はネコだらけになった。大家は別の棟に住んでいて苦情はなかったが、隣の下宿人が廊下に水を撒いてノミ退治をしているのが、可笑しくもあり申し訳なくもあった。ネコたちにはそれぞれ名が付いていて、ライオン、サルトル、ルパン、三ど笠、お正月、ナンバー四のミミちゃんというのもいた。サルトルは哲学者の名だが間抜けでドジで、お正月は本当にメデタイと思わせる猫で、ナンバー四のミミちゃんはハスッパだけど可愛い雌ネコなのだ。

私が皆さんに聞いて頂きたいのはネコの話ではない。こんな妻を持った私をどう思うか？　であってそして今も続いているのだ！　ナニ？　自業自得だって？

第二章　口永良部島案内

野崎《のざき》

島の最西最北端で、岩屋泊までの避難道（噴火時のためにコンクリート舗装されている）の途中から歩いて一時間余。夕日の美しい所で、めったにここまで島民も来ないので、大きな魚が大きな口を開けて待っている。日本列島に沿って航行して来た大小さまざまな貨物船は、この野崎の前を掠《かす》め奄美、沖縄、中国、東南アジアへと、いきなり南下してゆく。逆コースも然り。ここで大漁すると帰り路は地獄デアル。

野崎の先端に男立神《おとこたてがみ》があって、金剛力士像のようにゴツゴツしていて、東方一〇〇メートル程離れて海中に、女《おんな》立神《たてがみ》がすんなりした姿で立っている。ここまで来ると不敬な私も流石に敬虔な心になる。ここで思い出したのだが、皆さんは日本人河口《かわぐち》慧海《えかい》の著『チベット旅行記』を読まれたであろうか。私はこの旅行記を読んで驚愕した。命がいくつあっても足りないと思った。現代の人には必読の書であろうと私は思う。この地はこのようなことを想い起こさせる地である。

ツナ下げ

釣りたさ一心で、垂らした太い綱を頼りに降りる岩場。私は降りたはイイが、さらに野崎に向かって進もうと崖に手をかけた時、ポチャリと海に落ちたことがある。そこがスバチ（オキナメジナ）の産卵場であることは後で知った。

野崎に行こうとここまで来て、思ったより波があって渡れず、糸を長くして崖の上から垂らしたところ、釣れた、釣れた。腹に卵を持った二キロくらいのスバチが、あっと言う間に沢山釣れた。しかし正直なところ、この話にはウラがある。私はいつも言う、モノゴトには必ず表と裏がある。私はこうも言う、正直であれ！　正直に言う、この釣りは二人で行った。連れは広島大学学生のサカモト君である。ツナ下げまで来て先に進めず、ここで竿を出すことにした。波具合を見て、私はコッチ、君はアッチと釣り場所を決めた。私は波具合の良い方を選び、サカモト君には私がかつてポチャリと落ちた所を指定したのである。

さて、互いに竿を出し数分もすると、サカモト君がでっかいスバチを釣り上げた。私たちはハジキ釣りという、太い竹竿、太い糸、大きい釣り針を使って、糸を手に取らず、魚を弾き飛ばす釣りをしていたのだが、糸を長くしたうえに相手が大きく重く、サカモト君は糸を手に取ってズルズルと引き上げたのである。上物で美味い大きなスバチ。フン！　ここは素人でも釣れる所だ。毒づいていると、またしてもサカモト君が慌てている。これが続き、とうとう私もアタマにきた。カワレ！　つまり、サカモト君の場所を私はとり上げたのである。代わったのはイイが、持ち帰るには重量オーバーで、勿論シェルパ役はサカモト君である。七割方、彼が釣ったのだ。一応は聞いてみる。荷物、代わろうか？　「大丈夫です」。広大生はこんな時妙にガマン強い。

ここで皆さん、ほだされてはイケナイ。私は彼等を夕飯に呼んだことはない。しかし必ずコンバンワと言って現れる。妻は大皿に山盛りのかき揚げてんぷらを作る。私と妻がチョット目を離したスキに、もののみごとに失せている。残り少ない我が焼酎をテーブルに載せる時、一杯だけと制限し、極力薄め増量するよう勧告するのだが、あのガマン強さはどこへ行ったのか。島の最貧家庭である我が家の焼酎を、あるだけ呑み干してしまう。

岩屋泊《いわやどまり》

ここには古い大きな洞窟がいくつかあって、大噴火が起きても島民全員が身を隠すことが出来る。丸石がゴロゴロする浜は人が住んだ跡がかすかに残り、浅い谷間から細い水の流れがチョロチョロと海に消えるが如く注ぎ込んでいる。この湾は小さいが冬の北西の風波《かぜなみ》を避け、噴火時の避難の拠点となり得る所で、既に避難道は通じているが、船着場やヘリポートは未だ整備されていない。

私の宿に、この岩屋泊に縁があるというご夫婦が泊まられた。私と同年配くらいのご夫婦で、ご主人はこの岩屋泊出身だそうで、山道を伝って本村へ行った記憶が幽かにあるとおっしゃる。今の避難道を歩けば相当の時間がかかるが、昔は最短の山路を辿ったのであろう。客の母御は、「海からいつも音楽が聞こえた」とよく彼に語ったそうだ。昔の生活は今と比べると確かに厳しかったろうな、しかし海から音楽が聞こえる本当に美しい入江だったろうなと、私はなんとも遣る瀬《やせ》ない想いでその言葉を聞いた。

私たちが再びこの島に移り住んだ頃、岩屋泊西方対岸の丘陵地が牧場として開発された。海岸近くまでブルドーザーで表土が剥ぎ取られ、牧草の種が播かれた。強い雨が降る毎に種は流され、剥き出しの土も海に流れ込み、魚やイカの産卵場は死んだ。島民でさえ踏み込むことのない所に小さな池があり、その周りを数本のガジュマルの樹が、手を取り合うようにとり巻いていた。私は剥き出しになったそのガジュマルの樹を見た。無惨とはこのようなことを言うのだろう。

何故このようなことが世界のあちこちで起こるのか？　このことを多くの皆さんと共に考えたいと思う。そして良い子たちが沢山生まれ育って欲しいと思う。

岩屋泊つづき

人は何故豊かな海や森を害《そこな》うことをするのだろうか？

かつてのこの島の畜産は、各農家が纏《まとま》った山林や海岸地を借りるかして確保し、その周りを鉄条網で囲み、一頭の雄牛と数頭の雌牛をその中に一緒に入れ、囲った牧場の中に自生する竹や草木を食べさせ、自然繁殖させた。飼い主は牧場の周り、水の管理をしながら、畑ではサツマイモを作り自らもそれを食し、一日一回程細かくしたイモや蔓葉を与え、その際、牛の繁殖状況や健康状態を確認した。年三回程仔牛を競りにかけ、売られた仔牛は主に九州一円で飼育され、肉として出荷された。口永良部島はこのように営々と、火山のてっぺんから海岸に至るまで利用され、島が害われることはなかった。

人は鉈・鎌・鍬でコツコツ作業していれば、地球を壊すまでには至らないが、今はチガウ。蒸気機関から内燃機関へ、電機の発達も重なり、科学はアレヨアレヨとさまざまな仕組みを見付け出した。さまざまな製品を造り出し、それは土に戻らず、大気を汚し、水を汚し、オゾン層も壊し、不必要に樹木を倒し、氷を溶かし、ある所では洪水、旱魃《かんばつ》を起こし、台風は巨大化し、漁具は漂い、人が造り出したさまざまなものも漂い、それは砕け底に沈み、魚貝がそれを食べ、その魚貝を人が食べる。制御出来ない原子力で爆弾を作り、使用し、発電してチェルノブイリ・フクシマでメルトダウンを起こし、その地に戻り暮らすことも出来ず、それでも別の所では再稼働させ、さらにＩＴの世を目指す。

どこの国でも多数の人が望むものは、経済が循環する消費社会のようだ。多数の人は自分たちが望む安易安楽便利な世を叶えてくれる為政者を選び、経済の好循環が人々の幸せに繋がると考えるようだが、人が豊かになるためには心も豊かにならねばならない。現代人はここを疎《おろそ》かにしていると私は思う。私には今の物質消費社会は、代償として人の心の衰退を促しているように見える。

現代の経済の循環は確実に大気を汚し、確実にゴミを作り出す。ゴミにもいろいろあって、岩屋泊の海中を埋めた自然の土も人が造り出したゴミである。そしてチェルノブイリやフクシマの放射能もそうである。二酸化炭素を出さずとも事故を起こせば万年の障害をもたらす。さらに行政はオキナワの負担を軽減するためと言うが、辺野古に造ろうとする飛行場もゴミである。その地に住み暮らす人たちにとっては、辺野古の海は我が生命同然である。国は如何なる理由をも、とって付けてはナラナイ。その地はそこに住み暮らす全ての生き物たちのものだ。

私は現在六十九歳で、二十六歳の時この島に来たのだから、四十三年前私たち家族はこの島に移住したことになる。妻は二十四歳、長女は三歳半ば、長男は一歳半ば、妻の腹の中にいる次女は七カ月過ぎになっていた。

この島に移住した頃（戦後二十八年）島民は三百八十数人であった。戦後一時二千人を超す島民（都市部は食糧難で、この島では各自サツマイモを作り、海辺で魚貝を捕り何とか食いつなぐことができた）を抱えたそうだが、朝鮮半島で南北の紛争が起こり、日本は工業化と相まって仕事量が増え、雇用は増大し、戦後生まれの私たちは街中に溢れ、農を捨て良い職を求め学歴を積んだ。私たちは国・企業を支え、ある者たちは管理職に就き社会の中枢となり、ガムシャラに働いた。こう言うと聞こえは良いが、大事なことを蔑《ないがし》ろにしたとも言える。そして今団塊の世代と呼ばれ、日本経済を圧迫する老人集団となりつつある。この間島では逐次人口が流出し、戦後間もないある月では、五百人も島を出た月があったそうだ。そして現在、噴火災害もあって百二十数人になっている。

細分化された島の地権者たちは、相続名義を変更することもなく現在に至り、岩屋泊の牧場開発もこんな事情が絡んでいるようで、発案者は島の経済を動かし雇用を図ったとも言えるが、この事情を上手く利用したとも言える。しかし、結果は湾の機能を害《そこ》ね、このような結果を招くとは想像だにしなかったようだ。人間が立てる計画にろくなものはない。こんな土地をブルドーザーで掻き回すとどうなるか、結果は分かっていても運転手は仕事であるし、そこまで考えてはいられないのが本音であろう。世はこぞってお金であり、行政は仕事を作り出す邪魔はしたくないし、首長は票に響く。それぞれ、さまざまな思惑があるのだろうが、共通しているのは我が事である。多数の人は自ら進んで悪事を働くつもりはないが、海や山より我が身（お金）が大事で、それが我が首を絞めることになるとは思いも寄らぬ。害は、我が子孫《こまご》に及ぶのである。

モノゴトには程度、適度がある。自身のことを考えるなと言いたいのではない。他人《ひと》のこと、全ての生き物のこと、地球や宇宙のことも考えながら、自身のことも考えようと言うのだ。考えるということは想像してみることでもある。人は自身より優雅、裕福な人のことはよく想像するが、自身より悲惨な状況にいる人のことはあまり想像しないようだ。

子は、私たち大人の背を見て育つ。正面きって子に何か教えようとする必要はない、正しい大人の背を見せることだ。つまらぬ背を見せることもある。そんな時でも真剣であれ。ソコが必ず子に伝わる。恐れるな、そして慌てるな。結果を急がず、結果が見れずともヨシ！と思え。大人はひたすら正しい姿勢を貫け！正しい姿勢とは？　それを大人は考えるのだ。そこから正しいことにつながるのだ。

番屋ケ峰《ばんやがみね》（二九一メートル）

口永良部島は瓢箪型をしており、括《くび》れて小さい方にある一番高い所が番屋ケ峰である。名の通り島の監視場があった。昨年の大噴火で私たち本村区民は、この山にある避難所に集結した。毎年行われる県町主導の噴火避難訓練では、桟橋入り口に集結し、緊急を要する負傷者はヘリポートへ、後はその年選ばれた人たちが沖に停泊する巡視船に乗り込み、見学するのである。

私たち島民は神妙につき合うが、実際の噴火では出来るだけ火口から遠ざかろうとする。町も私たち島民の想いを察したようで、ＮＴＴが番屋ケ峰に保有していた頑丈な建屋を避難場として整備を始めた。そんな時、大噴火したのである。工事途中ではあったが、役立ったことはいうまでもない。ここに辿り着けば皆安心するのだ。火山からかなり離れ様子を見通すことが出来る。さらに岩屋泊まで避難出来る。今年中には完備するだろう。今後島が無人化することはないだろう。そう願う（二〇一六年秋避難所は開設され、今年の避難訓練に使用される予定）。

新村《しんむら》

明治初期頃、鹿児島県のナニ地区といったか、島に入植した農民たちが開村したと聞く。私たち家族がこの島に移住した頃、新村から島の中心地の本村へ中学生が一人、一山越えて歩いて通学していた。私たちが十年借りて住んだ家の家主はこの新村に住んでいた。十年間家賃は只だった。本当にアリガタイことであったと今も感謝している。私たちは生まれた次女を背負って、ご機嫌伺いに度々新村を訪ねた。この頃は皆歩いた。オジさんオバさんはニコニコ私たちを迎え、茶を出して下さり子には菓子を下さった。

この新村は実に美しい集落であった。まさに昔話にある花咲か爺さんが住んでいるような桃源郷とはこのような地のことをいうのだろう。大樹が村を覆っていた。各戸入り口は清掃され、集落内どこでも清潔で、農民の几帳面さを表していた。これは漁師たちの住まいと比べてみると面白い。漁師たちは一点豪華主義というのか、明日をも知れぬ我が生命というのか、正面は高価な扉や一枚板の食台があるのだが、裏に回ると、ブルーの破れナイロン波板が壁替わりになっていたり、漁具がゴロゴロ転がっていたり、雑草がピンピン生い茂っていたり、どこか刹那的なのだ。

時代の潮流と共に、この新村桃源郷は消えた。営々と続いた農耕社会に代わって現金《げんなま》社会となり、牧畜も集約的になり大きな新村牧場が造営された。現在その牧場は運営が上手くゆかず、野山羊《のやぎ》天国となっている。私たちに家を貸して呉れたオジさんオバさんは、新村を出て私たちが十年住み暮らしたその家（私たちは十年いて島を出た）に入り、今は大阪か鹿児島か子供の家に引きとられている。その家は今も残っていて、いろいろな人に利用されている。

ここで一言、人並み以上に欲のなかったオジさんオバさんの持ち家は、私たちに十年只で貸した功徳で、壊れても再生がなり、オジさんオバさんの老後の住みかとなり、今もその家は誰かの役に立っている（現在は広島大学水産学部学生の宿舎となっている）。

本村《ほんむら》

口永良部島の中心部である。この島と屋久島を結ぶ港があり、私たちが島に初めて上陸した所である。私たち家族はこの島になんの縁故縁戚もなく飛び込んだ。当時の島人は皆逞しく、縄文人を偲ばせるものであったのだから、さらに昔の島人は石器時代人のようであったろうと思う。

東京から移った私たちには何もない島であった。何もないことの誇らしさ、皆さん分かるだろうか。今の世の人でもこれが分かる人がいる筈だ。ウンウンと頷く人がいるはずだ。何もないということは、いっぱいあるということでもある。島暮らしは、私と妻にはそれこそいっぱいあった。嬉しいことも、悲しいことも、怒ることも、大笑いすることも、北叟笑《ほくそえ》むことも、眉にシワを寄せることも、恐かったことも。その間に子は生まれ、人は死んだ。そしてこんなこともあった。

私たちが島に移住して一年ほど経った頃か、冬の海は大時化となり、島に戻る途中の漁船が硫黄島《いおうじま》付近で遭難したのである。遭難したのは口永良部島の親子で、子は助かり漁師であった父親は海に呑まれた。保安庁の職員二人に両脇を抱えられ、帰島した息子は憔悴して、まるで老人のようであったそうだ。若いからすぐ回復するが、帰島後島民が囁く言葉に、息子は打ちのめされた。「彼奴《あやつ》は父親《おやじ》を置き去ったんじゃ」。息子の弁明は「父ちゃんもオレも海に投げ出された。一緒に懸命に泳いだ。父ちゃんは強い。オレが先に泳いだ。一生懸命に泳いだ。後を向くと父ちゃんがいなかった……」。

亭主は漁師、お上《かみ》さんは住居が角地にあったこともあり小さな店を商い、島では暮らしが安定した所帯であった。正月前漁師の亭主は思わぬ大漁をした。手伝う息子は、「父ちゃん、鹿児島へ持ってゆこう」。父親は、初めは渋ったそうだが、若い息子の熱意に同意した。冬の海は時化るが、正月前鹿児島に持ってゆけば高く売れることは確かで、この島や屋久島を相手にするより遥かにいい。正月用品も要るし、店の仕入れもある。

行きはヨイヨイ、鹿児島で想像した以上の金を懐にした親子は、隣近所から頼まれた正月用品も満載して帰路についた。サテ、帰りはコワイ。やはり時化に捕まり父親は死に子は助かった。生き延びた息子は島民の冷たい眼に晒された。

そんな時であったか、私たちは島のギンザ通りに買い物に出かけた。歩いて数分で終わるギンザ通りである。長女が先頭をきり、続いて妻が次女を背に片手を長男に引かれるように、私はシンガリを悠々と続いた。角を曲がって例の息子が現れた。長女はその息子に駆け寄り、その息子も長女に駆け寄り、互いに手を取り合ってクルクル回った。その時私は、二人の周りに不思議な光を見た。妻も見たという。この世の光ではなかった。よく晴れた日中である、現《うつつ》の光ではなかった。一瞬のことであったが私も妻も感知した。後でこの親子の話を聞いて、ナルホドその息子はあの時長女に救われたのだ、あの光はきっとそうなのだと私は解釈した。もし無辜《むこ》なるものがこの世に本当にあるとすれば、このようなことであろう。

本村つづき

前章ではこんなことがあったで終わったが、この章では島の構成要素とでもいうか、それを記しておこう。現在この島は屋久島町の行政区に入っているが、私たちが移住した頃は上屋久町の一部で、当時屋久島は上下二町に分かれていた。両町ともまだまだ意気盛んで、口永良部島も負けじと意気盛んな頃は、屋久島ではなく枕崎に属そうという意見があったそうである。カツオ漁の盛んな頃、この口永良部島はその拠点であった。

島の機能はこの本村にあって、桟橋入り口に火山に向き合うように鉄筋コンクリート製の建屋があり、一階に町営船切符売場、二階に町役場出張所があって、気象庁の火山監視カメラが設置されている。近くに町営船代理店事務所があり、主に荷役作業を行い、他に郵便、宅配業務、ゴミ収集を行い、活性化事業組合（カライモ、ガゼツ栽培）を併せ持っている。島の多くの若者の働き場であり、島の定住促進にも大きな役割を担っている。

護岸通りを歩いて一分程、消防車庫があって診療所がある。現在看護師が一人常駐しているが医師はいない。二十人程団員がいる口永良部消防分団は、昨年の大噴火では活躍した。島でもなんだかんだと事が起こる。私もかつては分団員で、その度に出動した。護岸通りより一つ奥に島のギンザ通りがあって、ものの数分で通り過ぎてしまうのだが、中ほどにＪＡの店舗があって、今ではここが島民の顔合わせ場である。食料品・日用雑貨・アイスクリームも売っていて、隣には酒・タバコ専用の個人商店があり、その斜め前に郵便局があって常時二人の職員がいる。以上が今のギンザ通りなのだが、私たちが移住した頃は数軒の個人商店があり、肉屋、床屋もあり、別の通りにはトウフ屋も駐在所もあった。

小学校と中学校は別々にあり、本村の奥は小さいながら見事な水田地帯であった。現在は、中学校は建て替えられ、その廃材（窓・戸・床板・角材・電燈器具等）は私の民宿に役立ち、その敷地に小学校が移転し小中併置校となり、校長・教頭・養護教員は兼務となっている。

当時の島の小学校は本村の湾を見下ろす丘にあって、私たちがこの島に移住する大きな要因でもあった。私はこの小学校を見て、私の子供たちをこの小学校に通わせたいな！と思った。移住後三年程経って長女は小学一年生となり、丘の上の小学校に入学した。確か女児は長女一人で男児が四人だったか、小学児童は四十人程いたと思う。その父兄たちが私にＰＴＡの会長を委任し、私は受諾した。そしてその年、小中学校併置問題が起こった。私は児童生徒が減少するなか小中学校併置は仕方ないとしても、当然小学校は動かず中学校がこの用地に移転すべし、この小学校の用地は、今後とも島の学校用地として島の財産であると論を張った。私にはこの学校に通う子供たちの表情がよく見えた。学校で子供たちが学ぶ半分は、この地が与えてくれていることが確信できた。私たち大人が子供にできることは、この地を守ることである。

裏では発電所用地として進行していたらしく、ほとんどの島民は知らぬことであった。当時の島のＰＴＡ会員の多くは私を支持してくれた。島民の心の学校は、この小学校にあったのである。

さて、現在小学校跡地（グラウンド部分）は九州電力火力発電所となり、一段上にある校舎跡は町の健康広場となっている。ナゼ島民が島の学校はココと希望したのにこうなったのか？　日本全国、世界各地このような事例が数多くあると思う。多くの人が決める筈のことが、一部の有力者によって推し進められるのである。この島の小学校用地の問題に私は趣意書を作成し、父兄の捺印をもらった。ほとんどの父兄が捺印してくれ、一部の島の有力者、町関係者、学校管理職者たちと対立した。当時を振り返ってみると、私は若く生意気で性急で理想をかざし、世の曲者たち、便利発展が子に益すると信じる大人たち（聞こえは良いが自身の利益を最優先する）には、私は小癪な奴だったのだろう。しかし多くの島人が望んだ学校は正しい。世の若者たちよ、理想をかざせ！　決して曲者大人になるな！

その後、捺印取り消しを求める父兄もあった。脅しがかかったのである。一時コトは鳴りを潜めたが相手は強《したた》かである。いつの間にか小学校が移転することになった。総括するとこういうことになる。多くの人は良いこと美しいことを識別し、良い方を好む性質を持つが、自ら進んでコトに対処する力は弱い。はじめは自身の好みに近い強い者に自身を託すが、さらに強い者が出てくると好みの如何に関わらず従う。多くの人々は日々の生活があって、ずっと闘ってなどいられないのが本音であろう。人といさかい、我意を押し通すことはシンドイことである。強《したた》かな者は、相手が折れる時を待っている。ある意味では本当に辛抱強いと思うネ。古今東西（今は東西南北）人とはこんなものなんだろう。

私は多数の人たちの一部である。しかし多数の中にもいろいろあって、数少ないが私は強い部類に入るのだろう。ここで私自身のことを簡単に記しておこう。決して自慢したり卑下したりするものではない。私は昭和二十二年、大阪吹田市に生まれた。二十年が戦争終結の年で、実際の戦争体験はないが、戦後の後遺症の中で育った。姉は私より六歳年上で、戦中の覚えが少しあるという。私たちは団塊の世代と呼ばれ、都市田舎を問わず子供で溢れた。私の妻は、二十四年横浜生まれで、高架下に廃物を利用して住み暮らす人たちが、住居の周りに鉢植えの花を飾っているのが目を瞠《みは》るようだった。その暮らしに憧れたと言う。またパンパンのお姉さん（米兵相手の娼婦）が着るヒラヒラのドレスにも憧れたと言う。小学校は午前と午後の部があって、妻は午後の部だったそうで、成績が悪かったのはそのセイらしく、つまり妻の言いたいのは「私は本当は頭の良い子なのに、午前中は遊び呆けて午後はただネムイだけだった」。つまり成績が悪かったのはそのセイだということ。成績はどうでもよろしい。とにかくそれ程子供が溢れていたのである。

私が通った中学校は二千人を超す男女生徒がいて、朝礼のグラウンドは黒と紺の制服で埋め尽くされた。そして日本挙《こぞ》って工業化となり、田畑はつぎつぎと工場、住宅となり、池は埋めたてられ竹林は造成され団地となり、道路は舗装され、高速道路建設が始まり、新幹線が開通した。高校二年生だったか、東京オリンピックがあり、テレビ、電話も普及した。原発は未だ制御出来ないのに、日本各地で始動した。親も子も学校も挙《こぞ》って学歴を望み、中学を出て即社会に入る子は金の卵と呼ばれた。日本社会は学歴を積む子と、即労働力となる子双方を求めたのである。そんな世情の中私たちは育った。

私は今六十八歳で数日すると六十九歳になる。この年を生きてみるとつくづく、いろんな人がいるなあと思うのだヨ。本当に良い人悪い人は少ないのだが、ほとんどを占めるどちらでもない多数の人たちの心が大事だなあとつくづく思うのだヨ。正直、若い頃の私は、世の中のことがサッパリ分からなかった。妻と一緒になり子供と子供が一緒になったわけだが、その間に子ができると「？」《ん》と考えだしたネ。良し悪しは別にして、大人になる早道は子を持つ親になることだ。当時は大学紛争真っ盛りで、入り口はいつも学生運動闘士がマイクを持って「ワレワレワー」。私も妻もノンポリ学生（政治に無関心）としてケイベツされた。しかし私たちは実際に生活し出すと、社会の矛盾を見、ウソツキを看破（見やぶる）するようになった。デモで意思を表示することに異論はないが、私たちは別の途《みち》を選んだ。これは頭で考えたことではなく、自身の資質に従い、結果的には社会の仕組みから外れることになった。そしてこの島に辿り着いた。私たちはこの島暮らしで多くのことを学んだ。島も確かに便利になっているが、島の暮らしは人が生きる原点に近く、人の暮らしの基本がここにはある。

本村つづきのつづき

私は脱線魔である。島の機能に戻る。現在島の金岳《かながたけ》小中学校は児童四人、生徒七人、教員十人で構成されていて、ＰＴＡがある。その他幼児が二人いてその先生がいる。島にとっては子は宝であり、どの子も我が子孫《こまご》である。子供にとってもどの子も兄妹であり、島は一つの家族といえる。フルネームの世で、一人ひとりのクセまで分かっている。トナリの住人も知らない分からない都市とは、全く違う世である。私と妻は十年島で暮らし、そして逃げだし、八年再び街の希薄な空気を吸い、人はやはり濃密な空気を吸うべしと島に舞い戻った。

我が子たちにはイイ面の皮だったろうが、子は親を選べない。私たちは我がコトが忙しく、子を思い遣るヒマなどなかったのである。子には反抗期というものがあるらしいが、私たちには我が子たちが反抗したという記憶がない。いいオバサンになった長女がボソッと言った。「あったワヨ、気付いてもくれなかったけど……」。次女はどうも今が反抗期らしい。

戻る。島には三つの神社があって、火口に近い山の中に山ノ神の社があり、樹齢定かでないアコウの巨木が近くにあり、今回の噴火でも難を逃れた。あとの二つは本村の高台に隣り合わせて、港を見下ろす絶景の地にある。一つは金峯《かなみね》と呼ぶ豊穣を祈願する島の代表的な神社で、梅雨明け時、毎年、男子は棒踊りを女子は日ノ本《ひのもと》踊りを奉納する。この隣にさらに小さな花尾《はなお》神社があって、お産の神様を祀っている。どこでも出産は大事である。

ここでまた寄り道、再び島暮らしを始めた頃、本村区の区長を務めて欲しいと依頼があった。私は承諾するにあたって二つの条件を出した。一つは当時盛んに行われていた松枯れ対策薬剤空中散布に対して即時停止を求めるつもりであること。一つは本村対岸向江浜地区で行われていた採石業の即時停止を求めるつもりだということ、島の有力者たちはナゼかこれを認めた。私は区長に就任した。

薬剤空中散布については、町も島から中止を求める声が上がるのを待っていたようで、即停止された。島の牛飼いたちの中には「牛につくダニ駆除になるのに」と不服を唱える人もいた。しかし多くの島民にはその反面の怖ろしさも分かったようだ。もう一つ。私は再び島に戻って向江浜の採石場を見て、ギョッとした。島を出る時は向江浜の横は自然林に覆われた美しい丘陵であった。流石にいくら雇用が増えるといっても、島の有力者たちにもこの状況は胸にこたえたのだろう。私はこの二つを推し進めながら、島の若い人たちに隣の黒島《くろしま》へ行って交流しようと呼びかけた。屋久島や種子島と違って規模の似た島の人たちと交流し、互いに自分たちの島の認識を深めようと考えた。町に企画書を提出し、経費は町が出してくれることになった。レポートを提出するという条件付きである。こちらにとっても感想をまとめることは大事で、一緒に行った子供たちにも感想文を書いてもらい提出した。

私たちは島の漁船で直接黒島を目指した。希望者を募ると、二艘の漁船で行けることが分かり、確か夏前だったと思う、私と同年代の漁師二人が船を出してくれた。当時私は四十代半ばであった。一艘は高速船で一艘はトロトロ船で、漁師二人の気質も大きく違っていた。人の世の面白さである。私たちは島の伝統芸能棒踊りを黒島で披露しようと、用具（三尺棒・六尺棒・衣装・タビ・ワラジ・オビ・タスキ・ハチマキ）を船に積み込んだ。踊りのメンバー十二人は全て参加し、私もメンバーの一人であった。他に中学生、一般島民も数人参加した。

ここで棒踊りの説明をしておこう。三尺棒を持つ者が前列に六人、六尺棒を持つ者が後列に六人、謡い手一人、その謡に合わせて十二人が棒を打ち合いながら踊るのである。三尺棒の踊り手の衣装は華やかで、六尺棒の踊り手は背の高い人があたり山伏のようである。ただ形として棒を打ち合うのではなく、本当に攻撃、防御、跳んだり跳ねたりしながら打ち合うのである。下手すると指を打たれ、練習翌日、指を真っ黒にしている踊り手もいた。踊りにはいくつか形があって、一つ踊り終えると息がきれ、次の形を踊るまでにはしばし時間がかかる。最も勇壮な踊りはナカキリといって十二人が一斉に打ち合う場で、一人でも狂うと成立しないのである。この踊りを達成した時はヤッターと皆で喜び合った。今は人不足でメンバーを揃えるのが大変だが、一昔前は選抜されたそうで、見事な踊りであったろうと想像する。

さて黒島を目指して出発したその日は、波はなくベタ凪というやつで、海面は油を流したようであった。高崎を回り野崎を過ぎ、一路北西目指して両船は進んだ。高速漁船は一時間程で黒島に着き、木造トロトロ漁船は二時間半以上かかった。黒島は口永良部島の小さい方のひょうたん部を切り取ったような観のある島で、山の高さも似たようなもので火山はなかった。東と西二地区に分かれていて、私たちは口永良部島に近い東の大里地区に上陸した。まず私たちが驚いたのは、船着場からかなり高い所に集落があったことである。出迎えてくれた黒島青年会員は、マイクロバスで島内を案内してくれた。私たちはホウホウと声を上げた。地図では似たような島で、似たような位置にあるのだが違いがよく分かった。同行した島民たちはそれぞれ重きをなすものが異なっているが、以下私の感じたことを記そう。

まず祭る神社の多さ、そして墓石の古さであった。文化のルーツが黒島は南から、口永良部島は北から来ているように思えるが、口永良部島の湯向《ゆむぎ》地区は奄美（南）から来ているし、田代地区は黒島出身者が開いたと聞く。黒島に上陸したその夕方、大里地区の広場で双方伝統芸能を披露したところ、口永良部島の棒踊りに対して、黒島は奇妙な面を付け半裸で腰ミノをまとい、奇声を発し、スリコギとシャモジのようなものを持って、叩き踊るものであった。数年途絶えていたらしいが、私たちが訪問するということで復活したそうである。お互いに披露した後、懇親会で印象を聞いたところ、口永良部島の棒踊りは整然と勇壮で、自分たち（黒島）の踊りは何か恥ずかしかったという。私は整然と勇壮ではない良さが分かるのだが、日本人の多くはこの整った形が好きなようである。

この黒島訪問での皆の共通認識は、黒島と比べると口永良部島は恵まれているということであった。一番は農地の豊かさで、黒島の農地はどこもネコの額のようであった。次に豊富な温泉、そして口永良部島の水の旨さだった。訪問した口永良部島民は片泊《かたどまり》の港を見て、整備が進んでいると溜息を吐いた。数百メートルであるが、アスファルト舗装された幅広い県道に妙に感心した。そして若者たちが一番魅入られたのは片泊の青年たちのバー（?）の天井から吊り下げられたミラーボールであった。皆がなんとなく感じたのは、行政の関わりの違いであった。口永良部島は一旦屋久島のクッションがあるが、黒島はダイレクト感があって、とくに定住促進対策に表れているようだ。口永良部島より一回り小さいのだが、若者も島民の数も多かったのである。その夜大里地区の民宿に泊まって、翌日大里地区センター（このセンターは屋久島の規模を感じさせた）で両島の意見交換会があった。自負と羨望、島に暮らす若者たちの表情は両島共に似ていた。その後、屋内でバドミントンの交流試合があり、島の中学生で漁師の娘サヤカがバドミントン上手であるのは感心した。もう一つ、作家の有吉佐和子が黒島を舞台にした小説を書いた記事を見て、そのことをはじめて知った。

黒島訪問を総括してみると、農地・温泉・船便等の地理的条件で、口永良部島の方が恵まれている感があるが、施設や設備は行政のダイレクトさもあって、黒島の方が進んでいる印象を受けた。そして島の文化的な保全等は黒島の方に軍配が上がった。この訪問は両島共に良くも悪くも、互いの島を認識するのに役立ったと思う。さて次は、黒島の人たちにこの口永良部島を見てもらおうと考えたのだが、区長が代わった。操業停止を食らった採石業者側が独自の区長を擁立し、各戸一票の区長選挙が行われ、私は三票差で敗れた。

正直に記す。私はこの選挙で私自身一切活動をしなかった。私を推す島民自らが活動してくれ「相手は留守中の島民の票も入れたんじゃ」と悔しがったが、当の私はべつに悔しいという思いはなく、ただ黒島の人たちを我が島に招けないのが残念だった。驚いたのは、相手は選挙活動を相当行ったらしく、公民館で島民立ち合いの下開票されるとき「裏切った奴は誰だ！」と怒声が飛んだことだ。つまりもっと票の差がつくと思っていたようだ。島民は区長の持つ権限に気付いたようである。私はどうしたら黒島の人たちをこの島に招くことが出来るか、今も考えている。

本村つづきのつづきのさらなるつづき

とにかくこれが最後だから、島の機能を記し終えよう。島には門徒会があって、寺跡もあるが今は民家を寺代わりに使っている。口永良部島民は神仏に対して一見無頓着に見えるが、私はそれでイイと思っている。欠けた茶わんなど平気で使うが、良いものが一緒にあれば、それを神仏や他人《ひと》にまず使うのは人情である。この心があればイイのである。ほとんどの人はこの心、基本を持っている。島では伝統芸能保存会なるものを結成し、男子は棒踊りを女子は日ノ本踊りを継承している。「シャシャンボの会」。これは女性の会で、なにかにつけ島では重要な会である。島では女性の役割と男性の役割がハッキリしていて、互いになくてはならないことを自然に捉えている。つまり我々島民の生活は自然に近いということである。専業・兼業の漁師たちは「りょうしん会」なるものを結成し、独自にエビスさんを祭っている。年寄り組というのもあって、私もメンバーになるらしいが、現在は参加していない。常駐の警察官はここ数年島にはいない。ガソリンスタンドは一軒あって老夫婦が経営していて、島の動力・燃料はこの老夫婦に委ねられている。島は湧水が多く、本村にはその利用組合もあるが、我が宿は田代地区にあり違う水源から水を引いている。民宿は本村地区に二軒、湯向地区に二軒、田代地区に私たちが運営する一軒、未だ帰宅困難地区となっている前田地区に三軒、これは営業されていない。どこの地も災害と隣り合わせであろう。東京などはこの島より余程恐ろしいネ。その他、毎年盆に開催する夏まつり実行委員会がある。

最後に島の行事全般を取り仕切るのは、公民館活動である。口永良部島には本村《ほんむら》と湯向《ゆむぎ》両地区があって、湯向に関しては別に記すつもりだ。町営船が出入りする本村港は鹿児島県の第四種漁港だそうで、湾は南西に向いていて主に南風に弱い。本村公民館は島の小中学校の校門前にあり、役員は九人いて、私もその中の一人である。島の幼児学級も運営し、現在二人の幼児とその先生一人が教室を開いている。チョット淋しいなあ。もう一つ口永良部島教育振興推進協議会なる長ったらしい名の会を持ち、山海留学制度を運営している。対象は小中学生で、今年は噴火災害後で受け入れていないが、二十数年島の活性化に大きな役割を果たしている。島民は実にさまざまな子を見て知った。これは一つの章となるネ。これらの会や団体に数少ない島民は所属するため、何足もの草鞋を履くことになる。

サテ私は余談は得意だ。これは長女がモーチョー（盲腸炎）にかかった話である。当時の新聞は「離島の少女救われる！　父親（農業三十三歳）貴船庄二さんは……」。こう報道していた。漁業でも良かったんだが、当時私は島の道路工事の人夫をしていた。ナルホド新聞報道とはこんなものなのだナアと思ったワケである。別に文句があるワケではない。新聞はさておき妻が「ぬい子はモーチョーのようヨ」と診断した。家庭の医学が本《もと》なのだが、その診断は正確で、妻は道を間違えたのかもネ。島の診療所に連絡をとるとすぐ看護師さん（この看護師さんは気丈夫な婦人でチョットした傷なら縫ってしまう）が来てくれた。当時島には常駐医師はおらず、屋久島と連絡をとってもらったところ、やはり盲腸炎だろう、漁船を向かわせるということであった。海は時化だし漁船は引き返したという。役場は巡視船の出動を要請した。確か夕方だったと思う。ドンブラコッコと小型の巡視船は着いたが、当時の桟橋には着けられず艀《はしけ》で収容ということになった。妻が付き添う予定であったが、急遽私が長い晒で娘を背負い島の漁船に乗った。確かに妻では無理だったろう。艀作業とはこのようなものかと知った。漁船が巡視船と横並びになると、湾内なのに巡視船を見上げた途端巡視船は真下にある。漁船の船べりと巡視船の甲板が平行になる瞬間を見極めねばならない。私は咄嗟に判断した。巡視船が真下に来た時飛び乗った。待ち構えていた乗組員が私と娘を掴まえてくれた。同時に巡視船はエンジンをフル回転させて動き出した。屋久島まで三時間近く要し、進むというより上下するエレベーターに連続して乗っているようだった。ぬい子は腹の痛さより船酔いに苦しみ、私に出来ることは手を握っていることだけだった。私は乗り物に弱いのに全く船酔いしなかった。

ぬい子を寝かせたベッドは船員の誰かのものらしく、甲板から三層下にあった。まるで潜水艦だ。これじゃあ沈まないなと思った。

屋久島宮之浦に接岸し、娘を背負った私は甲板に出てビックリした。こんな船にこんなに乗り組んでいたのかと、三十人程の乗組員全員が甲板で整列し、挙手の礼で私たち親子を見送ったのである。正直、私は政府や軍隊や警察などはキライである。島に移住した頃、まだ警察官が一人常駐していた。良い警察官であった。どの社会でも良い人、悪い人がいるのは分かっている。しかしあの見送りには参ったネ。私は娘を背負って下手な敬礼をしながら、ペコペコ頭を下げながら船を降りたヨ。

やはり盲腸炎だということで即手術となった。手術成功の報を受け巡視船は直ちに屋久島を後にした。あの荒れ狂った海をものともせず突っ込んで行ったのである。私は現金な人間である。以後、海上保安官をキライなものから除外した。

墓掘り名人

私より少し年長の島民シゲさんのことで、もう既にこの世にはいない。シゲさんはどちらかというと器用な方ではなく、いや不器用といった方が正しいかもネ。しかしこと墓掘りは名人だったヨ。シゲさんは背が低く容貌がユニークで、まるで当時テレビで流行《はや》った「ギャートルズ」。愛嬌のある原始人のようだった。

墓掘りにもいろいろあるようだが、私たちが移住した当時、島では墓所が狭くなっていて、旧《ふる》い人たちの骨を集めて再供養し墓所を拡げた。島ではまだ土葬が主流で、私も若さを買われて墓掘りによく参加した。そこには必ずシゲさんがいた。

島の墓所は湾を見下ろす丘の上にあって、風が吹き渡り、葬られても気持ちの良い所である。一人がワキ目もふらず掘り下げ、疲れが出たとみるやすぐ別の人と交代する。私はガムシャラに掘り、上から声が掛かるとただちに穴を出る、するとすぐ次の掘り手が穴に飛び込む。この作業は島を出てから役に立った。兵庫県川西市に住み水道業に就いた頃、当時は既に小型ユンボが使われたが、機械を使うことが出来ない所も多く、私は掘って掘りまくった。お陰で一時ではあるが痩せ身の私はレスラーのようになったヨ。

ソロソロ骨が出てくる頃、シゲさんは穴に飛び込み巧みに骨を掘り出す。大腿骨・腰骨・脇腹の骨・頭蓋骨・下顎の骨と歯・頭髪など変色しているがそのままである。そして喉仏を掘り出せば一体完了となる。穴の上から島の古老が言う。「すぐ横にナニバイがいる」。シゲさんは無駄な労力を使わず真横に向かう。当時の人の背丈くらいだから一メートル五〇～六〇センチくらいの深さか、骨が出る度に感慨深げに古老は言う。「この爺さんは、魚《いお》突き上手じゃった。この婆さんは情の深かオナゴで何人子を産んだかのう」。中には剽軽《ひょうきん》な墓掘り人もいて、掘り出した頭蓋骨の上顎と下顎をカタコト合わせて皆に見せたりするが、不敬な感はなかった。掘り出した中には幼児もいた。

土葬の骨は長く残り、火葬の骨は灰のごとくになる。いずれ人は皆死す。ちなみに妻は土葬派で私は火葬派デアル。私は墓など要らない。火葬にふし骨は海にバラ撒いて呉れたらイイ。妻曰く、「埋められた石の上で、恋人たちが語らうのを聞きたい」。

前田

この地区は本村から坂道を歩いて登って五分程、二〇一五年の噴火により未だ帰宅困難地区になっている。私も今の宿業を始める前は、この地区に五年間程住み暮らした。台風で傾いた廃屋を再生し、土間を付け足し、そのうしろに小屋を建てた。このお陰で一から（基礎から）家屋（木造）を建てられるようになった。しかしその小屋は実際に住んでみると、強い風を伴った雨が降ると、窓から雨水が染み込んだ。失敗は成功の元というだろう。次に建てた今の宿はその失敗が活かされている。若者たちよ！　失敗を恐れるな、いやむしろドンドン失敗せよと言いたい。必ずその失敗は次に活きてくる。

私はさまざまな職を転々とした。妻と一緒になった頃、東京立川市にある清掃会社のバキュームカーに乗り込んだ。私の役割は便槽の糞尿を掻き混ぜ、汲み取り易くすることだった。車が停まる、私は真っ先に飛び降り、長い鉄製の掻き混ぜ棒を引っ掴み、目指す家の便槽に取り付く。私はこの仕事で複数の人間が組んで仕事をすることを会得した。当然のことなのだが、自身の役割をよく認識することであり、次に続く仲間が働き易いようにと想像することである。

中央線国分寺駅前でバーのサンドイッチマンをした。たしかサロンバー花椿といったなあ。今もやってんのかなあ。バキュームカーとサンドイッチマンと家建てと何の関係があるんだい？　あるんだなあ、どんな仕事も大事なのは腰だヨ、腹を据えるという言い方もあるけど、人の基本は腰だヨ。サンドイッチマンをしていると酔客のケンカをよく見る。ギャラリーがいるとケンカし易いようで、ボカ、ドスン、チャリーン。そこでまあと止めたりしてはならない。私にはナニも見えませんと涼しい顔をして、チャリーンと音がした所はしっかり覚えておくのだ。必ず百円玉か五百円玉が転がっている。ホステスさんが私にも愛嬌を振り撒く。「ネェネェ、私ケイコというの。ヨッパライが通ったら、ケイコが待ってるって言ってね」。私は仕事熱心な男である。ヨッパライが通ると「ウチにはケイコちゃんというカワイイ娘《こ》がいるヨ」と必ず声を掛けた。

営業の仕事をしたこともある。先月の売り上げ表はベリッと剥がされ、新しい棒グラフ表がペタンと貼られる。私の名も書いてある。職人さんを使って稼いだこともある。親方の仕事は各職人を見極めることにある。口酸っぱく仕事をしろではない。進んで仕事をする職人もいればナマケたがる職人もいる。稼いでも稼いでも女房がみな使ってしまう。女房はなければないで涼しい顔をしているのだが、有れば有ったで涼しい顔でみな使ってしまう。ヤーメタ。私はすぐヤメル。ボーナス目前で仕事をヤメタ時は、サスガに女房も怒ったネ。職人さんの給料を心配することもなくなり、サッパリしたネ。警備員もした、鳶職もやった。セメントも捏《こ》ねたし、イモも焼いて売った。牛乳も配ったヨ。そして今思うにムダなことなど全くないネ。人もそうだネ。どんな人も必ずナニか役割を持っているヨ。ここで正直に言っておこう。私は教員と公務員にだけはなりたくなかった。そんな職に就くより三K（キケン・キタナイ・キツイ）といわれる仕事の方が私にはラクだったのだ。若い私には一生を捧げるという恐怖感があったんだろうネ。勿論今はそんな想いはないヨ。仕事に貴賤はないネ。正直なところ私は恐がりなのだ。

母がよく言っていた。「コノコハネエ、イノシシ生まれで」。皆さん笑ってくれ。

前田地区の話に戻る。この文を書いている最中、ラジオのニュースで前田地区の避難解除が報ぜられた。明日六月二十五日からとのこと、他地区に遅れること半年、ほぼ一年一カ月ぶりのことである。気象庁は、以前から島の各所に観測機器を設置し、火口付近にも設置していた。大噴火で多くの機器が破損し、データが揃わず、前田地区は帰宅解除出来ないということであった。それじゃあ早く機器を設置してくれと要望すると、立ち入り禁止区域のため困難という。あくまでもキケンだという。皆さんどう思う？

そして一年一カ月後、噴火レベル5から3へ。帰宅出来ることとなった。実は、この一年一カ月、私たちは島で暮らすことが出来たノデアル。私たち島民は生命の保全を計ってくれる諸機関にはじめは感謝していたが、島での生活暮らしを推し量ろうとしないことに、「放っといてくれ、誰のセイにもしないから、我が身は自分で守るから、この島で暮らすジャマをしないでくれ！」となっていたのである。

これは島民のワガママではない。その地に住み暮らす人たちは、生活と生命は同等である。法の側に立つ人たちとは、生活の質が全くチガウようである。法とは本来人のあり方であって、厳しいと同時に寛容でなければならない。そしてさらに法は、人の生活を侵してはならない。ところが人が作り出したハズの法が、規制する、される双方の人を縛ることになる。この口永良部島前田地区の例もその一つである。確かに人や動物は空気と水と食糧があれば生命は保てるが、その地なくしては人の心は死ぬ。

前田地区の人たち！　長かったね、ご苦労様。大変だったけれど、もっともっと大変な思いをしている人たちがいる。そのことを想い遣ろうね。

ドンドロ・向江浜

正《まさ》に海がドンドロと鳴く岩場である。前田地区に暮らした数年、このドンドロが海の時化具合を教えてくれた。ひと昔前は桟橋も小さく、ひと際ドンドロと海が鳴いたことだろう。本村と向江浜を最短で結ぶルートにあって、長く続いた砂浜がドンドロに来て岩場となり、先人が石ノミを使って着けた石段が今も残っている。大潮の干潮時には砂浜を伝ったと聞くから、島が沈下したのか海面が上昇したのか。小魚の多い所で岩場の貝は砂を食っていて食するとジャリジャリする。本村から向江浜まで砂浜から岩場へ、そして向江浜への砂場に移る前、満潮時にはどうしても跳び越えねばならない所がある。その日の潮の満ち干は旧暦から計算出来るが、昔の人は月の満ち欠けを見て体で知っていたのだ。風のニオイも知っていた。その時本村に用があったら仕方ない、跳ぶのである。子供も跳んだ、老婆も跳んだ、荷を背負っても跳んだ。

これはキケンというようなことではなく、その地に暮らすということである。私たちはいつ噴火するかも知れない火山島に住んでいる。人は自然と共に暮らして来た。キケンという意味であれば街の方がヨホドコワイ。次の例は街のコワサである。東京暮らしの頃、私と妻はかなりの家賃を支払わなければならない当時最新のアパートに、一時入居した。確か長女が生まれ二階に入居したと記憶する。どうしたことか、私はちゃんと就職し安定した収入を得ることになった。さてトナリでは、奥さんがガス自殺を図っていたのだ。ウーウーという救急車がアパートの前に停まって私たちも気付いた。亭主が咥え煙草でもして帰っていたら、トナリの私たちも共にフッ飛ぶ程のガスが充満していたそうだ。奥さんは一命をとりとめたらしく、その後のことは知らない。先にも言ったが、私たちはイツ噴火するかも知れない火山島に住んでいる。それは覚悟の上である。都市暮らしも覚悟の上という人もいて、どんな国であろうが地域であろうが、私がトヤカクいう筋合いではないが、ただ街と田舎は明らかにチガウ。この世はさらにＩＴの世に突き進む。若者たちよ！　世界の隅々に散らばれ。

向江浜、かつては赤チョウチンが灯ったという豪華な浜だったらしいが、私たちがこの島に移住した頃は、タチヤマオジ老夫婦等数人が暮らしているだけだった。この浜は火山の真下にあるといってもよく、一昔前はこの浜を土石流が襲い、数十人が亡くなり、この地区は一部を残して壊滅状態となった。前田地区はこの代替地として拓かれた。その後この向江浜には建設会社等の事務所や作業場が置かれたが、昨年の大噴火による火砕流や豪雨による土石流で本当に壊滅した。独り住んでいたゼンオジも火砕流で火傷を負い、この地から撤退した。私がはじめてこの島に上陸し、当てもなく歩いて辿り着いたのがこの浜である。当時はこの地より先には広い道はなかった。

ニシマザキ、ニゴリ

若い私は、奥へ踏み込みたかったのであろう。向江浜から人が付けた道か動物が付けた道か、構わず辿った。掻き分けられた草がみな私の進行方向に向いていた。島は至る所に牛を放していると聞く。何かが先に進んだらしい。先の方でヌッと黒く大きなものが道を塞いでいる。私は何くわぬ顔で道を除ける。さらに進むとヒューヒュー音がする所があって、確かめてみると岩の隙間から風が出ていた。嗅いでみるとなにか清々しく、海から来ているようであった。この地は海からかなり離れているのに……。さらに奥へ進むと、かつては広い道だったのでは？と思わせる所に出た。シイの巨木の切り株らしき周りを、実生《みしょう》であろう細木がびっしり生えていた。帰って後で島の古老に聞いたところ、この地はシイの群生林で、鉄道の枕木のために伐採して断崖から海に落としたという。業者たちは、類を見ないシイの群生林だと言っていたらしい。傾斜を利用して転がし海に投げ込み、船で引いたのだろうが、生木《なまぎ》の重さはなまじっかなものではない。恐らく命を失った人や体を傷めた人も多かっただろう。

私は山道を辿ってニゴリまで釣りに出かけた。岩場を伝って行くことは出来るが、体力を相当消耗する。釣り好きの人間はどうしようもない。近くで釣ればよいものを、行ったことのない所で釣りたいのである。要するにシンドイことをしたいわけであり、勝手にさせとけばよいわけで、途中で転落してアファフいっていても放っとけばイイのである。こんな人間にナニを言ってもムダである。世にはムダなこともある。「世にはムダなことなどナイ」と、私はかつて言ったそうだが、私は二枚の舌を使う、イヤ三枚かもネ。ニゴリと呼ばれるのだから、海は火山の影響が顕著なんだろうと思っていたが、小さな美しい入江であった。

野池《のいけ》・新岳《しんだけ》・古岳《ふるだけ》

野池は火口跡に水が溜まり池になっていたそうで、ある日水がスッカリ抜けていたという。火口跡は今は草原になっていて、中央に大きな岩がデンと据わっている。旧火口の周りは灌木で覆われていて、この野池には移住後度々訪れることになる。私たち家族がこの島に移住して二年程経た頃、ゴトウと名乗る独身男が移住して来た。私より二歳程年長で大分県出身、この島に来る前は屋久島永田地区に五〜六年暮らしたという。本村護岸通りの端に小屋風の小さな家を建て住み暮らした。素潜り上手で突いた魚を手に、夜よく我が家を訪ねた。ここで一言、私は釣ってサシミにする魚は即首を折るのだが、突いた魚はそれよりも一味も二味も旨いのだ。互いにIターンという共通項もあったかもネ、私たち家族はゴトウさんと呼んだ。ゴトウさんは島の出戻り娘を見初め所帯を持ち、それ以前だったが牛飼いを始めていて、その放牧地が野池近辺であった。年に三回島で開かれる仔牛のセリ市を間近に、ゴトウさんから仔牛集めの加勢を頼まれた。当時は野池や火山には向江浜から直登した。加勢人にはサトルオジもいて、オジは牛飼いのキャリアであり、私の島暮らしの師匠であった。ここでオジを紹介しておこう。野崎への道、釣り場を教えてくれたのがサトルオジであれば、明け方の三時まで飲んでいたのもサトルオジであり、巨大ウナギを釣ろうと言い出したのもサトルオジである。今は世を去っている。

そのサトルオジがある日、朝早くいつにない生真面目な顔で現れ、牛捌きの加勢をしてくれという。岩屋泊近辺で飼っている牝牛が崖から転落して、肉にするしかないという。何を用意すればよいかと問うと、スコップ・ナタ・出刃包丁と答えた。ナゼこれらが必要なのか？　行ってみれば分かることである。私は背負い竹カゴにナタ・包丁・水・タオルを入れ、もう一つ大事なタバコとライターの袋も入れ、単車の荷台にスコップを縛り付けた。当時は車は少なく皆歩くかバイクであった。私のバイクは屋久島へサルの調査に来ている学生から貰ったもので、その後乗っている最中、右か左かハンドルが折れてしまった。若いということは恐ろしいもので、片ハンドルで帰り着き、翌日枝で補強した。

ここで寄り道、当時私はタバコをよく吸った。高校二年生の時、両切りのピースを吸って草原でブッ倒れた。それでタバコと縁が切れたらよかったのだが、大学に入って気取って口に咥えていて病み付きになった。その頃男はタバコを吸うのは当たり前だった。フランス映画のジャン・ギャヴァンが口に咥えた両切り（フィルター無し）タバコを、ピッと指でハジキ飛ばすのはカッコ良かったネ。お陰で三十数年タバコを吸うことになった。ジャン・ギャヴァンのせいである。

度々禁煙したがその都度、よりヘビースモーカーになった感がある。私の禁煙は健康のためというより、伏流煙と吸い殻が気になった。タバコはほとんどの銘柄がフィルター付きになり、残った葉は路にバラマキ、紙とフィルターはポケットに突っ込んだ。私のポケットはいつもザラザラしていた。パイプや煙管も試みたが面倒で長続きしなかった。

一本売りのタバコがあればなあ、と人に貰うことにした頃もある。通りがかりの人に寄っていって「タバコを一本下さい」と頼むと皆ギョッとする。こんなことでギョッとするナヨ。そんな私を知っている人は私には寄りつかない。私が寄っていくと避けるか逃げるか。仕方がない、路上に捨てられている半分程残ったタバコに火を点けた。そんな私を見て妻は「買いなさい！」と怒る。私の妻は大のタバコ嫌いである。私がタバコを吸うと煙は必ず妻の方へゆく、慌てて席を替えても煙は妻の方へゆく。妻の母御は昔の人には珍しく勤め人で、タバコが大の好物で、両切りのイコイやシンセイを三口（吸って吐く）で吸い終える強者《つわもの》で、今は勿論吸わないが九十五歳になるかなあ、健在である。私はその吸い方を真似てみたがとうてい真似出来るものではなかった。

例の禁煙中最も恐ろしかったのは妻の鼻で、妻の鼻はケイサツ犬モドキである。鼻の穴が膨らんだと思いきや、クンクンと私に近寄って来る。私の口のまわりをクンクン、私にキスしてくれるようである。固まっている私の口の前で妻はこう言う。「タバコの匂いがする」。私は今度妻を娶る時は、鼻があまり利かない女にする！

私は五十歳半ばでタバコをやめた。これは私がタバコに支配されてきたことに気付いたからである。食事をすることもタバコを吸うためであった。そんな私に私がアタマにきたのである。禁断症状もヘッタクレもなかった。タバコをヤメて十五年程、私の宿はベランダ以外全室禁煙で、部屋でタバコを吸うと私にはスグ分かる。私も妻に似てきた。ここで一言、私は酒好きでよく昼頃からビールを飲むが、多量ではないヨ、妻のクンクンもないヨ、支配されているのかなあ。ヨシ！　支配されるなら妻と酒だけにしよう。

牛はまだ生きていた。私とサトルオジともう一人確かヤノオジだったと思う。倒れた牛の横に三人で大きな穴を掘った。崖下ではあるが表土は草木竹の根で覆われ、掘りづらく石も出てくる。掘り下げると粘土層に当たり、スコップに泥がへばり付く。その都度掘り出した石にスコップをカンカン叩きつけ泥を落とす。肉をとった後、牛の残骸を埋めるためである。

サトルオジは牛の首の太い血管を手早く包丁で切った。はじめは血が溢れる感じがしたが、草が血を吸い込むように静かで、しばらくするとヒューと牛は音を発しこと切れた。次に近くの竹を切り、葉が沢山付いている先の部分でタタミ二枚分程敷き詰めた。ここに解体した肉を置くのである。オジは牛の足首の皮に包丁で切れ目を入れ、徐々に皮を剥いでいった。剥ぎづらい所はサッと包丁を入れ、黒い皮に覆われた牛が白と赤の姿に変わってゆく。関節は鉈でバンバンと切り離し、熟練した解体職人ではないが、牛の骨組みをよく知っている。これは生まれつきというのか生活から出ているというのか、とにかく学校で教わるような代物ではない。大まかに各部肉をとり、内臓はレバーと心臓をとり他は埋めた。モッタイナイ話であるが、島民多くの生業は牛飼いであり食料は魚介で事足りていた。冷蔵庫は島でも普及し出したが、当時電気は時間送電であった。牛肉はナマラセないと味がなく、私は貰った多量の牛肉を軒先に吊り下げた。ブンブン飛び回る銀バエに往生し、血の甘ッタルイ臭いに数日悩まされた。

今思うに、サトルオジは私を生徒に選んだのだろう。オジは子沢山で年長の子は私と近く、良い職場に就いたことを自慢していた。恐らくオジには、子に教えたいという思いがいっぱいあったのだろう。

サテ本筋に戻ろう。ゴトウさんは野池で集めた牛の中から、一頭の人ナツッコイ牝牛を選んで綱を付け、山を下り始めた。はじめは仔牛たちも素直に従ったが、途半ばでナニヤラ挙動が怪しくなってきた。私たち数人の随行者は山道を外れてヤブをカキワケ、逃走しようとする仔牛を牽制した。恐らくゴッテンコ（雄の仔牛）だったろう、私の方へ突進して来た。咄嗟に両手を拡げて制止したが、目前で私の足を踏んで横跳びに逃走した。その痛かったこと！　向江浜に着いた時、残った仔牛は三頭だったかイヤ二頭だったか、その後ゴトウさんが加勢を頼みに来る日を、私は恐れるようになった。ちなみにゴトウさんは大分の田舎の農家出身で、九人の子沢山の末っ子だったそうだ。ある日知らないオバサンからホッペタをギュッとツネられ、ビックリして「あのオバサンはドコの人じゃ」と問うと、「ワレの姉御じゃ」と教えられたそうな。

この野池から数百メートル南にある新岳は、二〇一五年五月二十九日大噴火を起こし、我々島民は皆屋久島に避難した。私たち家族がこの島に移住した頃、小噴火を数回繰り返したが緑は衰えず、島民も訪れる人たちも火山によく登った。火山のてっぺんから見下ろす島は、まさに海の中で、ついついテレビ番組のヒョッコリヒョウタンジマの歌詞を口ずさんでいる。現在見える火山は、木が枯れ倒れ赤白茶化《け》た色になっているが、勿論山が品位を失ったワケではない。見上げる火口は変化し、要するに荒々しくなったのである。私たちはこのような島に住んでいる。

さらに南へ数百メートル、妙な言い方だが島で最も新しい旧火口古岳がある。私はヘリコプターで上空から島を見たことがあって、いくつかの火口跡が識別でき、緑で覆われているのだが、明らかに旧火口であった。この古岳には今なお強い噴気を出す所があって、イオウが積もっている。かつてこの古岳の麓に硫黄採取の集落があって、新岳の噴火で全滅した。こうやって人が忘れかけた頃、自然は人に注意を促したのだろう。

シャシャンボ群生林

島に移住して数年経ち、長男長女は小学生となり次女も活発に動き回るようになった。放課後、我が家に屯《たむろ》している小学生が口周りを黒くして、何かモグモグしている。ブドウのような黒い実をいっぱい付けた小枝を片手にその実を口で毟《むし》り、片手は透明のビンに入れたその実を棒で突き潰している。鮮やかな紫であった。私と妻はその実を口に入れモグモグすると、なにか気の抜けたリンゴのようで美味しくもなく、舌は真紫になった。妻は子供たちの持っているその実を集め、小鍋でコトコト煮た。粗糖を入れたのだろう、黒い気の抜けたリンゴが鮮やかな紫色の甘酸っぱいジャムになった。この実がなる時期、山に入った島人は枝を手折って子供たちによく持ち帰ったそうだ。島ではジャムを作る習慣はまだなかった。島では特に若いお母さんたちの毎年恒例のシャシャンボジャム作りが始まった。ちなみに島の女性の会はシャシャンボの会という。

島民はこう教えてくれた。シャシャンボは水捌けが良く陽が良く当たる場所を好み、冬寒《かん》が入《い》ると実は熟れる。寒が入るとは、冬になったかなあ?と思っているとある日、オオ寒ム!といった日が来ると、寒が入ったことになる。その寒が入った頃、教えてもらった群生地へ子供たちを連れてシャシャンボ採りに山へ入った。この頃にはジャリ道が火山の南側の裾野のかなりの所まで開かれていて、朝、本村を歩いて出た。子供たちはとにかく元気である。群生林に辿り着くと自分の気に入った樹にそれぞれとりつき、与えられたザルに集めるのだが、大半は口の中に収まっている。子供たちは背が低いので私は高い所の実を摘む。一粒一粒採っていてもラチがあかないので、大人は山羊の乳を搾るように下にザルで受けたりする。手荒い人は枝をボキッと折り採ったりするが、感心しない。私の息子などは子供の頃一粒一粒テイネイに採っていたが、大人になり子を持つ今頃は樹の下にブルーシートを敷き枝を揺する。確かに枝は折らないが、どうも人は大きくなると横着になるようだ。この辺りに農機具の発達と関連があるのではないか、と私などは思う。

一時《いっとき》実を採取して昼になると、持って来た弁当を開く。妻は甲斐甲斐しく子の世話をする。大概の男には出来もしないし、しもしない。私もそうである。別に妻を労《いたわ》る心がないワケではないし、子が憎いワケでもない、他人《よそ》の子より我が子は特に可愛い。ヨシ! こんど生まれ変わったら私は女になろう。この私の公言を聞いた男の中で、ゴクリと喉を鳴らしブルッと身を震わせた奴がいる。フフ、きっと私が愛くるしい女になった様が見えたのだろう。これは生まれ変わり話ではない。シャシャンボの話である。子供たちもマジメに実を摘み明るいうちに家に戻り、土間で家族共々実を選別した。混じった葉や茎やしなびた実を除けるのだが、子供の手も役に立つ作業である。

このような作業は世界各地営々と続いたのだろう。そして現在《いま》あちこちで綻び、経済というヒドラが蔓延し、世界の隅々人々の毛細血管まで侵攻している。これに対抗出来るのは人の心しかない。人を含めて動物はまず安楽を求める生物である。如《か》く言う私もそうである。しかし私はこうも考える。人はこれでイイのかなあ? ここまで便利になったらチョット立ち停まろうヨ。サテ立ち停まってみると別の楽な途が見える。コッチへ行こう！　また安楽な世を求める。人はチョット改心しても新たな楽な途を見つけ、そして賢者に言わしめる。人類に未来はない！　そして私は相変わらず言う。もうチョット考えようヨ。

噴火災害後、島では山に入ることが出来ず、今はジャムを作る人はいない。しかしそのうち誰かがまた始めるだろう。本当にキレイで美味しいジャムなのだ。パンに塗って食べるのではナイ、載せてアングリ食うのだ。

UFO談議

私はUFOなるものを見たことがない。それでも昔も今も数知れず、UFOが地球を訪ねていると思っている。映画でよく巨大宇宙船を観るが、私はUFOは小さいものだと思っている。つまり宇宙人は小さいと思う。宇宙空間を彷徨《さまよ》うにはその方が効率が良いと思うね。彼らは宇宙を移動するのに物質以外のものを使うのかも知れない。例えば気とか精神的なものかも知れない。彼らの文明途中、地球のような状態が有ったのか無かったのか、モノゴトに対して我々と別の視点を獲得しているようだ。宇宙は限りなく広い。彼らも宇宙を解明し切れていないだろうし、恐らく解明されることはないだろう。彼らは決して地球に介入することはないと私は思う。しかし地球人を連れてゆくことはするかも知れない。但し望んだ人をだ。今の地球人なら何でも持ち去ってしまうだろうナア。私はこの島にいてどこへも行きたいとは思わない。だから私はUFOに出合うこともないようである。

十年程前、この島にアメリカの作家なのか火山研究者なのかが訪れ、火山に登った後忽然と姿を消した事件がある。アメリカではかなり著名な人らしく、沖縄に駐屯するプロペラ哨戒機二機と銃口をニョキッと突き出したヘリコプター四機が出動し空から、陸からは私を含めて島の消防団員と屋久島の警察官、消防団員数十人、さらに機動隊員を含めて五十〜六十人はいたろうか、火山を中心に隈なく捜索した。噴火後の今では考えられないことである。途中から足跡を辿る四人の外国人専門家チームが加わり、ここから滑落したであろうと外国人ロック・クライマー数人がさらに加わり、捜索が続行されたが未だ発見されていない。

行方不明となったアメリカ人と最後に口を利いたのは息子の森であったそうな。彼（アメリカ人）は町営定期船で午後三時前島に着き、本村の宿に荷物を置き、宿主の日暮れまでいくらも時間がないとの忠告も聞かず火山に向かったそうだ。途中森に会い、さすがに無謀だと森が諭すと「ダイジョーブ、ダイジョーブ、ワタシハ、アシガナガイ」と言ってサッサと行ってしまったと森は言う。責任を感じたのか、森は捜索中やつれて見えた。私が思うに、彼はきっと宇宙船に乗って行ったんだろう。だとすれば彼も宇宙人も、事後のことまでは考えなかったようだ。イヤそれなりに考えたのかも知れないネ。

旧火口の野池や古岳は格好の宇宙船発着場であると私は思っている。

クロダガセ

私が若い頃、なにかにつけよく通った浜である。浜といっても砂はなく、持ち上げるのもやっとかっとの石がゴロゴロした浜で、二〇〇メートル程緩やかな弧を描いて続いている。上部は打ち上がった寄木が重なり、昔はこの浜でこの寄木を燃やし塩を作ったという。丘の裾には水が湧いているらしく、水田跡のような小さい沼がある。この先には赤崎《あかさき》、冷水《ひやみず》といった釣り場があり、ブダイ（島ではモハメとかモハミと呼ぶ）がよく釣れた。釣りたさ一心、若いということは恐ろしいもので、乗った丸石がグラッとくる前に次の丸石に足が乗っているのである。今の私ならスッテン転んでどこかの骨を折っているだろう。いや頭の骨をカチ割ってクロダガセでヒクヒクしていることだろう。

この浜へ来ると、釣りの帰りにイカ餌木によさそうな寄木を探すのが楽しみの一つでもあった。欲張って集めると打ち上がった紐で縛り両手で抱え、背負う竹カゴは釣った魚と捕った貝で重く、それでも意気揚々と丸石をものともせず帰路についた。釣り竹竿は波に浚《さら》われない所に置き竿にしている。帰途に湧水のタンクがあって、頭をその中に突っ込んでガブガブ水を飲んだ。

島の年寄りたちは、かつては自分で釣るか突いて刺し身を食べていたのだが、今は貰い魚で用を足している。今の私には、歳には勝てないということがよく分かる。とはいえ、若いことが羨ましいとは言わない。今の年寄りたちも私も若かったのだ。いずれ若い人たちも年寄りになるのだと、ニヤニヤしながら見ている。島暮らしをする人たちは、こんなことはよく分かっている。私も若い人たちから大事にされる年頃になった。

西ノ浜

島の周りはほとんどが断崖絶壁で、南西に向いた本村湾内に砂浜がある。火山島の砂は黒いが、本村湾と対する北西に向いた湾にある西ノ浜の砂は黄色い。なぜココだけ黄色い砂があるのか。これはブダイがサンゴをかじって排泄したものが、砂状になり積もり積もって小さな浜をつくっている。

ブダイ（数十種）はサンゴと共生する藻や虫を捕食するためサンゴをガリガリかじる。歯は薄いカミソリ状になっていて、岩に生える海草が食べ易いようになっている。島ではモハミともモハメとも呼ばれ、昔から島の重要な食料の一つであった。島の周りには実にさまざまなブダイがいる。身は柔らかいが甘く、大きいモノはブツ切りに小さいものはそのまま塩をなすり、油で揚げるのである。勿論ウロコを剥いでエラ、内臓を取り去る。内臓を取り出す時、腸が破れると藻がいっぱい出てくる。夜行性ではないので日中たえず藻をつついているのだろう。歯の良い人は頭から尾ビレまでカリカリと食べる。私も若い頃は歯が丈夫だったので残さず食べた。全体的に魚は赤っぽい方が美味なようだ。排泄したサンゴのかけらで浜なるものを形成するのだから、この辺りは如何にブダイが多いか皆さんにもお分かりいただけるだろう。島人はこの魚貝のタンパク質でこと足りたのである。

この浜は大小二つあって岩礁に囲まれ波は砕け、安心して子供を泳がせ遊ばすことができる。子供は本当に水と砂が好きである。私たちが住む本村から歩いて二十分程、私と妻はここで子供たちをよく遊ばせた。

広島大学水産学部

私がこの島に移住した四十二年前、私は二十六歳になっていた。本村集落に空き家を借りて住み始めた頃、ふらりとグシマと名のる男性が現れた。どんな話をしたか覚えていない。その後次々と学生が現れ、いつの間にか島での学生たちの目付役となっていた。当時のグシマ氏は広大《ひろだい》水産学部の助手を務めていたようで、その後教官となったが潜り過ぎて体をこわし、島に通えず、受け持つ学生の監督を私と妻に託すようになった。氏は十数年前に亡くなり、私は今も続く学生たちとは歳が離れ挨拶には訪れてくれるが、今は息子たちの方が親交は深い。広大は昔も今も島にとっては各種事業に参加してくれる大事な存在である。実にさまざまな学生たちが来て関わったが、今は彼らから多くのことを学んだと私は思っている。息子の森は私と妻と学生たちとの夜毎の議論が学校の授業より面白く、気付くことが多かったという。

こんなことを覚えている。当時私は島の狭い田んぼをいくつか借りて米作りをしていた。私は生まれつきの植物オンチで桜と桃の見分けがつかない。孫娘に桜と桃がいるが、その見分けはつく。街育ちで田んぼのオヤジからクワを振るって追いかけられたことはあるが、クワを使ったことはない。なのにナゼか日本人は米を作らねばならないという強迫観念がある。いくら生まれつきの植物オンチでも米は作れるだろうと思った。島へ来た頃、本村集落の奥にある水田はほとんど耕されていたが、年毎に休耕田が増えた。そこで小さな田をいくつか借りた。

夜毎我が家へ広大の学生が訪ねて来た。これは妻の料理が旨いからで、島民もそうである。妻はいつも家にいて何か作っている。料理しているということである。子供たちのおやつを作ったり、ジャムを作ったり、パンを焼いたり、そして私の分まで愛想が良い。お陰で必ず誰かいた。日中は大概近所のジイさんかバアさんで、夜は私がいるせいか飲み助か広大の学生が必ず数人いた。

ある夜、私は学生に「明日から田を起こす。手伝うように」と宣言した。大概の学生は素直に従ったが、中にはこんな学生もいた。「ボクは魚を調べに島へ来ているのであって、田んぼを耕しに来ているのではありません！」。私はこの返答を聞いてカッときて怒鳴りつけた。「アホッ、田も起こせん奴に魚を調べることなんかできんワイ！」。乱暴ではあるが、今も私はマチガッテハイナイと思っている。この学生は、まず誰のための米作り、田起こしか？何故自分が？と考えたのだろう。もっと単純に、私のような人間に反感を持ったのかも知れない。しかし多くの学生は素直に従ってくれた。これは逆らってはコワイとか背に腹は替えられない（妻の旨いメシが食えなくなるかも）といった打算的なものだけではなく、米を作るということがナニか腑におちている（納得している）ようであった。ここら辺りに日本的なものが（どこの国民も良いところがあれば悪いところもある。私は日本礼讃主義者ではない）あるように思える。人は農耕社会となり明らかに他の動物とは違った道を歩むことになるのだが、米作りはこの基本のように私には思える。今の私たちはこの基本から外れた。私はこの基本が人の万《よろず》全てに通じていると、当時も今もそう思っている。

広大生に関してはその他いろいろあるのだが、もう一つ、逆玉の輿に乗った広大生君《ぎみ》のことを記しておこう。昔は玉の輿に乗るのは女性であったが、これは玉の輿に乗った広大生君のことを記そうというのである。手早くいえば、かなりマヌケな広大君が資産家の娘を娶ったのだが、どのくらいマヌケであったか。それを記すことにしたのである。

その娘は宝石商の娘であったそうな。この幸運でマヌケな広大君をH君と呼ぼう。さてH君は自身で選んだ魚の行動を観察するため、ウエットスーツをキリリと着用し、シュノーケル付きの水中メガネを額に、海中でも記入できるボードを脇に挟み、片手に長い足ヒレを持ち、いざ海中へ。まず、ボードを岩の上に置いて、足ヒレを履こうとした。そこへ大きな波が来て、ボードが流された。慌てて足ヒレを岩の上に置いて、なんとかボードを確保した。また大きな波が来て、今度は足ヒレが流された。また慌ててボードを岩の上に置いて、足ヒレはなんとか確保した。また大きな波が来て……。

私は、釣りをしながらズッと見ていたのだ。私は思ったネ。コ奴はアホか？　お陰で私はサッパリ釣れなかったヨ。見ていた私もアホか？

その夜、この逆玉の輿君が我が家にやって来た。一通り皆飲み食いしてから私はこのH君を阿呆だと見なしているから、サッパリ釣れなかった腹いせもあって、「ナニか踊れよ」と命じた。それではと、H君は応じて「電線に、スズメが三羽」と歌いながら三本指を出して踊った。妻と子供たちは珍しい生き物を見るように観ていた。私は正に、コ奴はアホだと確信した。しかし、H君は実に見事に電線に止まったアホなスズメであったナ。

その後のH君の消息は聞かないが、宝石商の令嬢は良い婿を持ったと私は思うネ。

西ノ湯

別名コイノ湯とも呼ばれ、恋の花が咲いたのか濃い熱い湯ということか、島の古老の明言は聞かないが、昔から本村に暮らす島民の湯で、勿論混浴である。私たちが移住した頃はまだ自動車道はなく、松林の中を二十分程縫って歩き、海辺のカヤ葺屋根の鄙びた温泉であった。源泉は五〇℃以上、明治期に造られたという石の浴槽が並んで二つあり、広さはそれぞれ三×三メートルくらいで、深さは足を伸ばして胸の辺りだ。無色透明で鉄分が多く、湯の周りは赤茶けている。浴槽の横に源泉の湧き出る所があって、満潮時には溢れる程になり、太い長い木栓の操作で浴槽に湯を張る。島の温泉四カ所は、いずれも海辺にあって潮位によって源泉湧水量が変化する。この湯の管理は代々この温泉好きの島民が行っており、入り口に木で作った料金箱があって利用者は二百円入れることになっている。年間の修理等計画的な管理は本村区の役割である。

本村の各家には五右衛門風呂もあり、日本人は本当に風呂好きである。私は島暮らしで五右衛門風呂造りが上達し数軒頼まれた。鉄風呂釜は鹿児島から取り寄せ、石は近くの海岸から運んだ。島人が青い石は弾けると教えてくれた。島の粘土にセメントを混ぜ、外から石組を固め一旦鉄釜を抜き去《と》り、内側から隈なく粘土セメントで塗り込めた。熱効率が良いのである。難しいのは排水と煙突の所で、洗い場の目隠しは島の竹を使った。丸石はポコポコと黄色くなった竹と似合い、風呂蓋の取っ手には曲がった雑木の枝を使う。楽しい作業であった。

ここで余談だが、私が子供の頃は熱を出せば母が濡れ布巾で熱をとり、腹が痛めば富山の売薬を飲みひたすら寝て治し、余程具合の悪い時は近所の医師に診てもらった。とにかくビョーキは寝て治し、そしてとにかく皆歩いた。世に電話はあったが各家にはまだなく、当然スマートフォンもなければパソコンもなかった。電気はありそれで充分事足りた。昔は電気がなくとも皆暮らした。月夜は月明かりを頼り、闇夜は漆黒であったろう。皆早く寝て、朝まだ明けやらぬうちからゴソゴソ動き始めたのだろう。今の人の世はモノで溢れ、それらなくしてはどう生きてゆけばいいのか分からないといったあんばいで、島もその波に呑まれているが、まだ人の暮らしの基本が残っている。これを大事にしたい。

噴火災害後、島が無人状態の時、豪雨でこの西ノ湯は泥で埋まり、現在も復旧はなっていない。温泉好きの島民には困った事態である。

（追）二〇一六年七月やっと湯に入れるようになった。

折崎《おりさき》・ヘリポート

折崎は好釣り場で潮通しの速い所である。大きなタイドプールがいくつもあって、島の小中学生が教場としてもよく訪ねる所である。現在は自動車道、電気も通り、岩場上の丘にはヘリポートも設備されている。この辺りは移住後どんどん整備され、島では重要な所となっている。

私はなければないで済まそうというタイプだが、有れば有ったで使う多くの人たちの一部でもある。ただ現代は有り過ぎると思うし、もう少し後戻りしようよと思う。どのくらい後戻りすればよいのか？　時代的には江戸後期くらいかなあ、戦国時代ではないね。ただ私は車も電話もない時代に生まれたかったのだヨ。勿論電気も要らない。確かに電気がなければ好きなＣＤも聴けない、それでも私は辛抱する。

話が妙になってきた。戻る。折崎から私が今住む田代《たしろ》までの海岸線（岩場）はもっぱら私の釣り場だった。過去形用語を使うのは岩場でスッ転んでバチが当たり（バチが当たったの項ご覧あれ）、噴火災害後足腰が弱り、魚は貰うか買うかで、釣りに行かないからだよ。各釣り場は自動車道からヤブをカキ分けて入るのだが、釣り好き島民以外まず分からないだろう。とにかく当時の私たちには魚釣りは食糧調達であり、それから逸脱したのだろう、私はバチを食らった。それじゃあ私などもっとバチが当たっているよ、と思われる方も多いだろう。バチは本人に現れる場合や人に認識される場合は比較的軽い方だと私は思うネ。恐ろしいのは自覚症状のないことだろうね。イヤもっと恐ろしいのはすり替えることだね。

また話が妙になってきた。ヘリポートに戻ろう。避難訓練はさておき、役人の利用などどうでもよいが、急病人の搬送には本当に役立っている。島暮らしで一番恐いのは急病と怪我である。噴火や台風はその次である。台風の影響で海が荒れる時、冬時化《しけ》が続く日、子供たちが暴れると妻はよく子供を叱った。「こんな日は静かに遊びなさい！」。ウズウズしている子供たちには、キキメは一時だが……。

バチが当たった

私は本当にバチが当たったと思っている。島暮らしで魚釣りを覚えたのだが、釣り竿に適した竿先の敏感なコサン竹が生えている山を教えてもらい、エサにする舟虫を捕る道具の作り方を教えてもらい、私は釣りの世界に没頭した。これは正に食糧確保であり、私のような仕事嫌いの人間には打ってつけの仕事でもあった。島暮らしを始めた二十歳代半ばから六十歳代半ばまで魚を釣ったわけだが（その間八年程島を逃げだした）、私はなるべく太い糸、太い鉤《はり》を使い、魚を逃がさないよう心掛け、食える魚は食い、エサは自分で捕り、釣り過ぎないように心掛けた。

実にさまざまな魚を釣りイカも釣り貝を捕り海草も採ったが、私が最も好んで釣ったのは島ではシッとかシッオと呼ばれ、形は鯛に似て銀色で体側に薄い黄線《おうせん》があるカチシッと、全体的にやや黒っぽいジグロの二種で、非常に引きの強い魚である。和名をイスズミといい魚類図鑑では数種いる。カチシッは焼いた皮はジグロより柔らかく、味はジグロの方が少し濃いように思えるが、どちらも旨い。この刺し身は皮を焼き皮付きで主に酢味噌で食べるが、酢代わりに橙を使うとさらに風味が良くなる。この島は大概の種《しゅ》のミカンは実り、島の先人が植えたミカンはあちこちで野生化している。我が宿の敷地に生える島ミカンも毎年勝手に実り、非常に味の良いミカンである。裏山にはグレープフルーツのような実を付けるミカンの樹があって、毎年冬前レモン色の沢山の実を付け重そうである。

屋久島ではこの魚（シツ）は臭いと言ってほとんど食さないらしいが、口永良部島では独特の香りがあって、皮を焼いて好んで刺し身で食べられる。この違いは、屋久島では海に流れ込む大きな川が多いのに、口永良部島では大きな川はない、この辺りが臭いや風味に関係しているようだ。

この釣りはハジキ釣りと呼び、冬場の荒れた磯部（岩場）で白く泡立つ波の中にエサを付けた鉤を投げ入れ、食い付いた大きなシツを後へ思い切りハジキ飛ばす豪快な釣りである。この魚は荒波の表層でエサを捕食する。糸は竿より一メートル程短く食いついたらハジキ飛ばすのに都合が良い。上顎の骨が固く強く合わせないとよく逃がす。後へハジキ飛ばしたシツはバチバチとウロコを飛ばし跳ねている。手では適《かな》わないから足で胴体を踏み押え、エラを引き裂き両手でボキッと顎を折るのだが、下手するとピュッと噴き出る血で血まみれになる。私は島暮らしで三十年この方、冬になればこの釣りをして来た。冬は西高東低の気圧配置の日が多く、海は荒れる。外気は冷たく魚の顎を折って竹カゴに入れて磯を移動しても、魚は傷まない。そしてこの魚を海辺で捌く。内臓はカラスやトビのエサになった。私が海で竿を出すとトビは上空をクルクル舞い、カラスは背後でカーカーガーガー鳴いた。家に戻って釣った魚を三枚に下ろし、皮を炙り、刺し身にして私は焼酎を飲んだ。中骨は細かくしてネコたちに食べさせた。本当に旨い魚だ。

私は魚を釣って食うためには何をしなければならないかを考え、それを出来るだけ守ってきたつもりだが、それでもバチが当たった。十一月だったか北西の風が治まり、波はまだ高いが明日は絶好のハジキ釣り日和である。満潮は午後二時頃で、この釣りは上げ潮五合目頃から満潮まで釣り時で波がないと釣れない。夜、懐中電燈を持って西ノ湯にエサにする舟虫（アマメ）を捕りに行く。アマメは日中逃げ足が速く掴まえるのは困難だが、夜は懐中電燈で照らしてもジッとしている。それを一匹一匹手で掴まえ腰に下げたエサ箱に入れ、二十分程捕ると次の日のエサは事足りる。この釣りは撒き餌の要はない。私はどの釣りも撒き餌をすることはまずない。下にいる魚を釣ればヨイわけでいなければ場所を変えればヨイ。西ノ湯は温泉場で地熱が高く舟虫が多い。懐中電燈が普及しない頃の島民は極端に寒い日中、手で除け易い石コロの浜で石コロを除けながら寒さで動きの鈍い舟虫を捕ったそうである。昔は釣り道具やエサはずい分工夫したろうと思う。舟虫は夏場日中ゾロゾロ岩場を這い回り、冬は岩のスキ間や石の底にいて夜波打ち際に出て来る。ハジキ釣りに使う鉤は丈夫で大きく、その鉤が隠れるくらいの大きな舟虫を一匹一匹捕るのである。明日は大漁マチガイなし。

サテ、天罰を食らう日が来た。勿体を付ける気はない。要するに岩場から転落したのだ。海の中にではなく岩の上にだ。したたか尾骶骨を打ち、眼から火花が出るとよくいうが、正に火花が出た。頭を打たなかったのが勿怪《もっけ》の幸いで、今想うに私の受けた天罰は軽い方なのだろう。そこで何故この軽い天罰を受けたのか、皆さんに説明しようと思うのだ。そしてこれは天罰マチガイなしであることを皆さんに知ってもらいたいのだ。

今日は大漁マチガイなしと荒海に竿を出した。この釣りは転々と場所を変えながら釣ってゆくので、一時間後には釣り始めた所からかなり移動している。そのため一匹の大きなシツを釣るまでにベラやイソゴンベエ等小魚を何匹も釣る。中には途中で鉤が外れ、後方へスッ飛んでしまう小魚もある。転落した所まで来る間に十匹は小魚を釣り、鉤を外して海に戻せば大丈夫な小魚は海に戻し、弱った小魚は食することにする。この小魚は衣を付けずに油でカラ揚げにすると頭から尻尾までカリカリと食べられ、子供たちには本当に良い食べ物である。島人は畑で作ったサツマイモと貝とこの小魚で生きることが出来た。そしてここでもベラが釣れた。小さいといってもヤマブキベラの成魚で体長二〇センチくらいある。私は大きなシツ一〜二キロを沢山釣りたいから鉤を外して海に戻そうと思いきやベラは手の中からグニュッと飛び出し、波打ち際の岩の上でピクピク跳ねている。知らんふりをしていたが、波は小魚を攫えず相変わらずピクピクしている。シカタナイ私は舌打ちして竿を立て、いつも通るルートを外れて最短コースで降りることにした。ちょうど掴むのに格好の出っ張りがあり、そこを掴んでぐっと体を下げた時、その出っ張りは見事に割れ、私は尻から一・五メートル程転落したのである。そして火花が散り、一時動けず、島の消防団員が出動する様が見えた。島の消防分団長は娘婿のマサユキで副分団長は息子の森である。この二人に大きな顔をされては堪らんなと思い、なんとか立った。腕や足の骨は折れていないし頭も打っていない。小魚を海に戻しカゴを背負い竿を杖に這う這うの体《てい》でかなりの岩場を伝い、停めた車に辿り着き事なきを得たのである。

家に戻ってこの災難を妻に伝えると、「岩に頭をブチつけておっ死ぬ前に、早よ家建てせんかい！」と怒鳴られ、イヤこれは私の被害妄想で、私は老後の家造りを始めて基礎まで造ったのだが、魚釣りが面白くて、その先を放ったらかしていたのだ。その後一週間寝返ることもままならず。これはビテイ骨が折れているに違いない。島にはレントゲン設備があって、イシダＤｒにレントゲンを撮ってもらった。イシダＤｒは私と同年で東京から島に来て五年になる。なにかニヤニヤと嬉しそうである。私は診療所などに行くと余計にビョーキになると思っている。つい被害妄想が出て「こんな風になったのは私が悪いのではなく魚があ……」。彼は一緒に麻雀すると、ケイタイのメールを打ちながらリーチをかける。「こっちは必死なのに」。これは天罰の話である。イシダＤｒは、今はもう島にはいない。その後老人のＤｒが来たがそのＤｒも島を出、今は無医師の島となっている。ビテイ骨に異状はなかった。その後動けるようになり老後の家建てに専念し、そして噴火した。

さて皆さんはどう思われるかな、私にはただ運が悪かっただけではないような気がするのダヨ。私は釣って食う魚に敬意を払ったつもりだが、とどのつまりはイイカゲンだったのだろう。私は正しいことを欲するくせに根はイイカゲンで、天はそこをお見通しなのだろう。私は人生チャランポランでイイと勝手にタカをくくっていた。しかし、モノゴトにはチャランポランで良いことと悪いことがあるようだ。特にイノチに関してはそのようだ。今後魚を釣ったらその魚は必ず食べることにする。必要な分を釣ったら帰ることにする。しかし噴火災害後、足腰が弱って魚釣りには行かなくなった。これは避難生活で筋力が衰えたせいもあるが、老化という誰も避けて通れない途《みち》でもある。老化には個人差があるようで私は早いようだ。これは宇宙の法則というか、モノゴトはツジツマが合っているというか、若い頃むやみに動き回った結果だと思うネ。私は後悔先に立たずとグダグダ言う人間だが、べつに悔いはないヨ。

民宿くちのえらぶ

第二章に記した「口永良部島にユース・ホステルを造ろう！」の二つの原稿は島で必要と思ったことや建築中のことを書いている。さて二十数年後の現在はどうなっているのか。

昨年二〇一五年五月二十九日午前十時ちょっと前、口永良部島新岳（六二三メートル）は噴火し、その日の夕刻には全島民、当時島にいた人全員屋久島宮之浦に避難した。その顛末、その後の避難生活は別の章で詳しく記しているのでご参照いただきたい。

現在はユース・ホステルではなく民宿くちのえらぶ、である。島の名称は「の」が入る口永良部島が正式らしく、漢字より平がなを選んだ。この本を読まれる方は何故ユース・ホステルではなく民宿なのかと思われるだろう。一番の理由はユース・ホステル協会のマニュアルが煩わしいと思ったからだ。私は自己本位な人間で、大概のことは自分でやろうとする。一銭も持たぬ、ましてや働きたくない人間が大きな宿を建てようとするのだ。電柱であろうが廃棄される窓であろうが使えるものは何でも使い、それこそ島にあり手に入るものは何でも使った。島の竹や杉の枝も使い、転がっている大きな瓶《かめ》も使った。これは縦に切って洗面台にした。この宿は廃物に合わせて造ったのである。多くの人たちは一生懸命働き金を稼ぎ業者に建ててもらうのだが、私のような人間は金には縁遠いが自身で建てるヒマは作れる。いくら廃物を使っても、金で買わねばならない物もあり、働きたくない私が思い付いたのは宿泊前売り券である。

ここで私なる者を見性《けんしょう》・検証《けんしょう》しておこう。私は資産家のお坊ちゃまに生まれたかったのだが、残念ながら現実はそうではなかった。そして妻と一緒になり、子が出来て私は働かざるを得なくなった。私は教員や公務員にはなりたくなかった。今の女性は男より稼ぐ人がいて、妻が稼いでくれるなら私はウレシイ限りでヒモでも何でもヨロコンデやるが、妻は自分は女で稼ぐのは男のすることと思っている。それに対して私はベツに異論はナイが、正直働きたくない。妻は金がなければないで平気な顔をしているが、必要となればキッパリ言う。「お父ちゃん五円しかありません」。仕方ナイ私は体を使うことにした。体を使うことは私には苦ではなかった。三K（キケン・キタナイ・キツイ）の仕事は私には心が楽だった。勿論働かないで良ければそれに越したことはないが……。私は生まれつきモノを欲しがることはあまりなく、母がピカピカの運動靴を買ってくれてもそれを履くのが恥ずかしくすぐ泥を擦《なす》り付けた。母に言わせると私はイノシシ（私の干支は亥）で、妻に言わせると私の動物占いは黒ヒョウでエエカッコシイなんだそうだ。ナルホド確かに私は特に女性にはエエカッコしようとする。私のエエカッコは服が破けているとか無精ヒゲとかそんなことはどうでも良いが、食べ物は好き嫌いを言わないとか、私は生来本当はケチン坊なのだがモノ、金はケチらないとか、つまり本心とは別にエエカッコシイなのだ。妻と娘はそんな私をよく見て知っていて、つまり本性を見破られているのだ。私がなるたけ金を使わず使えるものは何でも使うのは、この辺りから来ているようだ。これは生まれつきで、私のセイではない。敢えて非を問うなら私の御先祖様のDNAのセイなのだ。要するに、私は生来臆病でナマケモノで動物に近いのだろう。

サテ前売り券といえども金券である。そこらにある紙を使っては沽券《こけん》にかかわる。よっしゃ！　和紙を作ろう。私はさまざまな職を転々としたが、紙など作ったこともないし、よう作らん。私には金はないが妙な手合いの友人知人はいっぱいいる。その妙な手合いに頼んで紙作り職人を探してもらったところ、いたいた、京都のどことかにいた。教えてもらおう！　私は早速京都のどことかのミヤケ氏にかくかくしかじかと手紙を送った。ミヤケ氏は必要な道具を持って即島に来てくれた。彼は島に来てこう言った。「私もいろいろな人にお世話になっていっぱい教えてもらった。私も役に立つことが出来て本当に嬉しい……」

当時私たちは、本村地区の白アリがついて今にもペシャッとゆきそうな借家を脱出して、小高い前田集落の台風で傾いた廃屋を再生して暮らしていた。ペシャッとゆきそうなその家は、私たちが出ると本当にペシャッとなった。前田の廃屋の周りは数本のガジュマルがそれぞれ気根を降ろして壁のようになり、ただ南側の太いガジュマルが台風のせいだろう廃屋に寄りかかり、その廃屋は今にも倒れそうであった。しかし、柱はしっかりしていて、ガジュマルを切り取り、ジャッキを使って元に戻し、脇に土間を増築した。この作業はユース・ホステル（民宿）造りに役立った。

ミヤケ氏は「私ならこれを使う」とこのガジュマルの樹を指差し、早速作業を始めた。まずガジュマルの枝を十本程切り落とし、さらに小枝や葉を払い粗い樹皮を包丁でゴボウの皮をすり落とすように落とし、棒状になった薄緑の枝を彼は持って来た木槌でまんべんなく叩いた。表皮は浮き上がりズルッと剥がれ、枝は白い棒になった。廃屋に転がっていたアルミ製の大鍋を磨き、石でカマドを組み大鍋に水を張ってガジュマルの表皮をぐつぐつ煮た。鍋の材質で紙の色合いがチガウそうだ。朝から昼まで煮たろうか、指で煮具合を確かめたミヤケ氏は、平らな大きい石の上に煮上がった表皮を置いて、木槌でコツコツと叩きだした。これを打解というそうで、極細のセンイに叩き分けるのだが、本当にコツコツと木槌を振るう。叩けば叩く程良い紙が漉けると言う。

打解した表皮が溜まった、さてどうするのか？　ミヤケ氏は持参した袋をゴソゴソ探し、取り出したのは何か根のようである。トロロアオイの根だそうで、これを下《おろ》し鉄《がね》で擦るとトロトロのゼリー状になる。水を張った大きな容器（衣装ケース）に打解した表皮とこれを一緒に入れて攪拌すれば、細分化された繊維は底に沈まず漂っている。そこを漉き上げる。ミヤケ氏によると、トロロアオイがなければオクラの根でも良いそうだ。島では皆オクラが好きでよく栽培している。

ミヤケ氏の持参品の中に、大きさはノートを開いたくらいの細かい目のメッシュを張り付けた木枠があった。彼はそれで水に漂うセンイを掬い上げ、前後左右に数回優しく傾け水平にして水を切った。メッシュに張り付いたセンイを用心深く剥がし、それを窓ガラスに張り付け、水が滴るセンイの上を持って来た表面が平らな固いローラーを上下左右丁寧に転がし、張り付けたセンイとガラスの間の水と空気を取り去った。後は乾燥するのを待つのである。ミヤケ氏の漉いたガジュマル和紙は、淡いあずき色で桜色というのか、薄くて丈夫で、残った濃い表皮がアクセントとなった上品なものであった。私の漉いたガジュマル和紙は、濃いあずき灰色でゴツゴツ和紙である。私はふてぶてしいから、友人知人連中にはお似合いだと一枚五千円で売りつけた。

ミヤケ氏は、持参した小道具全て私にくれた。その頃は宿の建築もかなり進み、ベランダとの境目に、島の中学校の建て替えで廃物となった窓ガラスを利用した大きな引き戸が四枚入っていた。この引き戸は、上下サイズが違う廃物の厚いガラスを使い、枠は建築木材で勝手に作り、縦二メートル一五センチ横一メートル五センチある。何度も言うが、この宿は廃物に合わせて作ったのだ。この引き戸を使えば何十枚もの和紙が干せる。しかしこの引き戸は非常に重く、開閉で戸車・レールの傷みは早く何度か交換し、その度に我が身を呪うのである。これを作った時は四十歳半ばで今は七十歳前である。つまり持てないワケで、台風時の雨戸もそうで、モノゴトは先を考えてやらんとアカン！

金券であるから名刺大にしよう。破れ障子の桟を利用してひと漉き二十枚作れる枠を作った。ひと漉き十万円、贋金造りよろしく捕らぬタヌキの皮算用。ニヤニヤしていると妻にはどうやら分かるらしい。バカにしたような顔が見えるがフッヒッヒ〜♬　さぁ稼ぐぞ〜。あくまでも金券である、両面に何か刷らないと有り難味がない。ゴム版で、一面は沈む太陽の陽を浴びる海と岩の図案と、一面は水中メガネで海中を覗き大小の魚とユース・ホステルくちのえらぶの文字が見える図案にした。一面は朱肉を使い、一面は黒のスタンプインクをペタンと押しただけでは何が何だか分からない。私の漉いたガジュマル和紙は両面がゴツゴツなのだヨ。「求めよさらば与えられん」。これは妻の口癖で、ミッション・ハイ・スクールを出た妻がソコで覚えたのはこれだけらしい。「天はやはり私を見ておられる」。これは私の口癖で、建て替え予定の島の中学校に壊れた手動式プレス機があって捨てると言う。モッタイナイ、当然私は修理した。両面のゴム版はプレス機ではフニャフニャするので、薄板に張り付けた。これを一泊三食付五千円で友人知人に売りつけた。沢山買ってくれた友人に、「島の温泉に浸ってイノチの洗濯でもしろよ」と言うと、「あんな券どこにやったか知らんわい」と答えた。私は内心シメシメと思った。

現在民宿くちのえらぶはオープンして十三年目、建築に丸七年かかっているから計画から二十年、いろいろと計画を立てたが果たせないことも多い。噴火災害後、帰島してからずっと民宿はフル稼働で、この忙しさはいつまで続くのか。私はやっとかっと食ってゆけたら良く、客など要らない。今は次女が宿を采配していて老いては子に従えという。シカタナイ従うとしよう。この辺りが今の実状で、妻はナントカ反抗しているようだが、敵もさる者、苦戦しているようである。私は良くも悪くもアキラメが早く「人は皆いずれ老い死す」と低い所から達観している。

私の竹の子山（オラが山に入るな！）

こう言うと、妻と娘はフッとバカにしたような顔つきをする。私はかねがねケチはアカン！と言っている。今のように机に向かっていると、トナリの山（オラが山）からパカーン、ガサガサとダレか竹の子を採る音が聞こえる。私は明日が採り頃だろうと考えていたのだ。この島ではどこの山でも自由に竹の子が採れる。オラが山なども言うと皆からケイベツされるのは分かっている。しかしオラが山は多くの人が住む集落からかなり離れているではないか。ここへ来るまで竹山はいっぱいあるではないか。

オラが山にナゼ人が集まるのか？　つまり採り易いのだ。竹の子は、その年しっかり採ると翌年しっかり生える。そしてその竹やぶの中は動き易い。確かに皆がしっかり採るから今年もしっかり生える、それはワカルよ。しかしオラが山が……。オラは本当はケチなんだろうか。妻と娘が頷くのが見える。しかし、オラが山からパカーン、ガサガサ音が響くと、妻と娘は妙にソワソワするのだ。

島では五月に入ると竹の子（大名竹と呼ばれ全くアクがない）採りのシーズンとなり、遅い所では六月末頃まで採れる。茹でて塩漬けにして年間の保存食とする。昨年はちょうど採り頃という時噴火した。島の竹山は放置されたまま一年を迎えるが、今年も出はよいようで妻と娘はせっせと竹の子を採っている。ここ数年妻が料理するようになったタイカレーにこの竹の子はピッタリで、宿泊客の評判は良く、島ならではの味とこの食感を利用せぬ手はない。

再度、オラが山に入るなあ〜！

寝待《ねまち》温泉

現在は電気、電話、道路も通じているが、私たちがこの島に移住した頃は、岩場の温泉と十軒程の軒の低い湯治小屋以外何もなかった。いつ頃浴槽が作られたのか。西ノ湯のような頑丈堅固な造りではなく、仕切られた二つの浴槽のコンクリートは湯でボロボロになり、建屋はなく当然屋根もない。湯に浸っていると海の波で呑まれそうな感がする。泉質は適温乳白色で手足のチョットした傷なら湯を出ると治っている。深い傷を負ったらある程度治してから湯治するとよいそうである。浴槽の底の小石の間から常時プクプクと湯が湧き出る。正に世にいわれる秘湯であった。当時ここに住人はおらず、軒の低い小屋にナベ、カマ、チャワン、フトン、ミソ、米などを持ち込み、島民は長湯治した。水は断崖に染み出る所があり、魚介、山菜、燃料は現地調達したようだ。

新たに一棟小屋が建てられることになり、私はその材を運ぶために加勢を頼まれた。本村で漁船に小屋の骨組材を積み、野崎回りでネマチ立神横まで来た。加勢人は私とゴトウさんだったと記憶する。二人で木材を海に投げ入れ、互いに一本ずつそれを押し泳ぎ、足が海中の石に届くと材を肩に岩場に上陸した。当時は必要材は細く長い山路を背負うか舟で運ぶかであった。ネマチは海中アチコチから湯が湧いていて、材を上げる時その湯に触れるとアチッ！　と火傷したように思う。私は浅い岩場で傷ついた平たい魚が横になって湯治しているのを見たことがある。今の人ならデジカメやケイタイで撮ったりするのだろうが、私はそんなモノを持ったこともない。ちなみに私は我が家の留守電の使い方も知らない。イマイマシイのが先にたつと、覚える気力も湧かない。これはビョーキだと思うのだが、病名は何というのかね？　妻は自己中病と呼ぶだろう。現代機具が全てイマイマシイのではない。電気ノコギリやドリルは重宝しているし、草払い機や洗濯機は私にはなくてはならないモノだ。しかし電話はキライだ。妻がいようがいまいがジリンジリン鳴っても私は出ない。留守だと思ったら大マチガイである。止むまでジッと息を潜めている。しかし、どうしても早く連絡を取らざるを得ない時は、イヤイヤ受話器を握る。そんな時、電話好きの妻は助けてくれない。ケイタイを持つなど私にはトンデモナイことである。

さて、この秘湯は様変わりした。私も知らぬ間に浴槽の屋根、壁が工事現場風に鉄筋コンクリートで覆われていたのである。おそらく直通ではないが自動車道が町道から近辺に伸びたからだろう。後で聞くところ、ネマチ温泉好きな島民から特に爺さん婆さんから、「アヨ波が恐《おとろ》シカ、雨に濡れず入りタカ」と要望があったそうだ。私のような人間は「余計なことはするな！　するなら屋根はあってもスッポンポンで良い。男女仕切るなら島の竹を使え。無駄な金は使うな。これじゃあ海も見えず、まるでトーチカではないか！」となる。この頃の年寄りたちの多くは眼に入る風景なぞ当然で有り難味もなく、ひたすら便利安楽な世を求めた世代である。しかしものの見事に働いた世代でもある。

そしてこのネマチ温泉は、さらに様変わりした。当時主だった島の年寄りたちはさらに要望を重ねた。「行き帰りは車で、直通の自動車道を……」。難工事でやっと道は通り、建屋は完全鉄筋コンクリート製でキレイに塗装された。女子専用浴槽も設置されたが、すぐ排水出来なくなり、混浴にもどった。これはヨシとしても、行政はさらに建屋と同じくらいの高さの護岸を設置し、その後豪雨で山側が崩れ完全トーチカ内の浴槽は土石で埋まった。

ネマチ温泉は島の財産であり皆さんの財産であり、ひいては国の財産である。このことを私も含めて島民も行政もよく認識出来なかった。私たち大人が子や孫に為さなければならないことは、自然をそっくりそのまま残すことであり、その子や孫が大人になって為さなければならないことは、次世代にやはり自然をそっくりそのまま残すことである。私たちは為す前にしっかり考えねばならない。そして悪い結果が想定される時、勇気を持って止めなければならない。これは経済も同じである。私たちは美しい心、美しい日本国を目指さなければならない。

噴火災害前、このネマチ地区には二世帯四人が住んだ。全島避難で島が無人となっている間に、この地区は噴火災害は受けなかったが、梅雨や豪雨でアチコチ土砂崩れを起こし、通行不能となった。勿論電気も不通になった。住民は帰島しても家に辿り着くことが出来ず、一世帯は大阪に引っ越し、一世帯は現在本村の空き家で暮らしている。道が通り住み暮らし易いようにはなったが、反面土砂災害がこの地を頻繁に襲うようになった。世界各地似たようなことが起きている。人はいつも自然災害、人災を起こす元を作ってしまうようだ。これを回避するためには一人ひとりが考え深くならなければならない。

昨日八月二十六日午前、私は久しぶりに宿からネマチまで歩いて往復した。片道ちょうど一時間。私の宿は標高一三〇メートルくらいにあってネマチ温泉は海岸、つまり海抜〇メートルで、行きはヨイヨイ帰りはコワイのである。私の運動不足の解消にもなるが、土砂災害の復興進展状況を観たかったのである。歩くとよく見えるもので、無理やり通したコンクリート道はアチコチ割れ崩れ、ネマチ温泉の上の崖は崩落して、少しカーブしたため建屋を直撃せず入り口の前を通って海に流れ込んでいる。土や小石は護岸に遮られ、温泉建屋の周りを深さ一メートル以上埋めている。

噴火・地震等の災害も然りだが、水の被害も実に恐ろしい。現代の私たちが受ける災害には、私たちが追い求める安心、安全、便利の代償が加わっていないだろうか。私たちが大人になり子が生まれると厳然と責任が生じ、その時代、社会にも責任が生じる。つまり人はこの世に生まれ落ちた日から責任が生じているが、大人になるまでの猶予期間がある。厳しい時代はこの猶予期間は短かったろうと思うが、今は便利な世になり大人子供が増えているようだ。正直なところ私もかつては大人子供だった頃があるが、期間は短かったヨ。

私は働くのがイヤだった。親のスネを齧ってでも働きたくなかった。高校を出ても働きたくないから大学へ行くことにした。そして勉強もしたくないから中学卒業程度の学力があれば入学出来る大学を選んだ。私は中学校まで勉強が出来た。勉強することはキライだったが、授業を聞いているだけで事足りた。しかし高校に入学するとそれだけでは済まなかった。私はマスマス授業が分からなくなり、マスマス授業をサボるようになった。卒業の時七人が留年し、私は尻から八番目だったらしく卒業式は参加出来なかったが卒業した。選考した教師たちは、きっと「アンナヤツ（私のこと）は放り出してしまえ」と意見が一致したと思うネ。そんな事情を知っているらしく、体育の教師で私の部活動顧問でもある先生が「キブネ、無試験で入学出来る体育大学があるが、どうする」と心配してくれた。私はこう言った。「アリガトウゴザイマス、私は美術の方に行きます」。体育教師はキョトンとした顔で、「オマエが美術かあ」と言った。

私は大学受験浪人を二年した。つまり三回受験したわけで、一回の受験シーズンで五、六校受けるワケだから合計二十校程受験したことになる。私は親のスネをカジリたいクセに大阪から離れる大学ばかり選んだ。そして、やっと私を入れてくれる大学が東京にあって、そのクラスに妻がいたのである。だから妻は機嫌の悪い時は、私のことをキブネクンと呼ぶ。

さて、一年も通わぬ内に妻は身籠り、双方の両親は慌て、挙式となった。私の試練はここから始まる。大人子供であった私は否応なしに良くも悪くも大人になった。人が大人になる早道は子を持つことである。以来私たちは三人の子を為し、私はさまざまな職に就き、音楽を聴き、本を読み、そしてさまざまな人を観た。
これは寝待温泉の話であって、私は寄り道ばかりする。

湯向《ゆむぎ》

この地区は私にとっては妙な地区である。温泉を中心にした集落で、かつては島の小学校の分校を有した程栄えていたが、今は七、八人しか居住せず子供もいない。この地区は各戸風呂を有せず温泉を皆で使っている。この地区は奄美出身の人たちが築いた集落で、今も残る人たちはその血を継いでいる。屋久島町では湯向は一地区として位置づけられ、口永良部島には本村・湯向二地区があることになっている。公民館もそれぞれあって、館長（区長）もいる。町営船フェリー太陽が発着する本村港は鹿児島県の第四種漁港であり、湯向港は屋久島町の港である。診療所・郵便局・小中学校・農協は本村にしかなく、運動会や敬老会は合同で、その他諸行事は二地区別々である。

本村から車で約四十分。現在南側町道は噴火規制で通行出来ず、民宿は二軒営業している。この湯向地区は、島での歴史は古く縄文後期の遺物が数多く出土する。屋久島に近く農耕に適した地が広くあり、火口からも離れている。水は豊かで温泉が湧く。もちろん魚貝も豊富である。

今は大きな湾と港を有する本村に人は集中するが、一昔前まではこの湯向地区は暮らし易い所であったろうと思われる。なんといっても集落の真ん中に温泉があって、各戸風呂を必要とせず、いつでも湯に浸れる。風呂用の薪も要らない。湯は白い湯の花を伴い湯量は多い。島の観光名所となっている。この辺りの海には海へビが多く、当然海へビの捕獲、料理の上手な人がいる。ヨリンネエは湯向の海へビおばさんと呼ばれている。軍事的な意味ではなく、島は国の最前線だと私は思っている。少々不便でも人がソコに住み暮らすことが、日本国には本当に必要だ。

私が住む田代地区の海辺にも、チョットﾄ温《ぬる》めだが湯向温泉と似た泉質の湯が湧き出る所があって、冬そこで海へビがフットボールくらいの団子になっているのを見たことがある。産卵場のようだ。その湯が湧き出る岩の割れ目は、ナニヤラ怪しく青く、湯向温泉の湯が短い川に合流する所もナニヤラ怪しく青い。海へビが好んで棲息する所はこの泉質に関係していると、キブネ博士は睨んでいるのだ。

余談だが、私の宿に台湾の大学で海へビの研究をしているという男性が泊まった。彼は日本語が喋れず、私は日本語以外全くチンプンカンプン、妻も同様で日本語以外話す気もなく、当然海へビの話もなかった。これも余談だが、宿を始めて間もない頃、アメリカのナンタラ大学で教鞭を執るという男が泊まった。このアメリカ男は傲慢であった。ウスウス日本語が分かるようであるが片言も日本語を使わなかった。勿論私も片言も英語を使わなかった。ここは日本である。私は言語能力ゼロに近い人間だが、もしアメリカに行くことがあったら必死に英語（米語）を使う。中国に行ったら中国語を使う。アフリカのコンゴは何語か知らないが、行けば皆が使うコトバを必死に覚えて使う。ここは日本国だから日本語を使え！　外国語は使うな！　ではない。断じてチガウ。私が言いたいのは人としての基本姿勢があると言いたいのだ。行った所に敬意を持ち、それを表すことは人としての基本なのだ。

湯向地区は、この温泉がある限り人の往来は絶えず、僅かな人といえども住み暮らし続けるだろう。広い農地牧野を有し、海は豊かである。志を持つ人がきっと現れるだろう。その地を害わず辛抱強く待とう。良い子が沢山産み育てられるだろう。そのためにも、私たちは辛抱強い正しい大人になろう。

第三章　再び、島に暮らし、島に思う

再び島へ

充分薄い空気を吸った。島を出て暮らした兵庫県の本竜野では私はヒモにもなり、確かにイヤな仕事をせずとも済んだが心は晴れなかったネ。川西では屋根葺業を営み確かに儲けたが、ペンキ屋の職人でいる方が心は安らかだったネ。

そうこうするうちに子供たちは大きくなり私と妻の手を離れ、次女真木は高校二年で中退したいと言い出した。このことは私と妻が島に戻るキッカケともなった。真木は妻にこのことを相談すると「ダメヨ！　アンタにどれだけお金が掛かったか、アンタ知ってんノ？」という返答だったそうだ。確か真木の成人式でもこれに似たようなやりとりがあった。私の羽振りの良かった頃、長女と、あとで次女に着せる趣味の良い振り袖を妻は買った。屋久島での成人式に真木はその振り袖を着て出席し、その姿のままで島の皆に見てもらおうとフェリー太陽に乗った。振り袖では客室に居辛く、甲板のイスに座った。海は時化はじめ、船に弱い真木は「ウッウッ」と言いだし、さらに「オッオッオビ解いてー」とナニヤラ怪しいことを言いだした。父親である私はただオロオロするだけであった。妻も船に弱いのだが眦《まなじり》をキッと上げ、振り袖の両袖を後の席からギュッと引き、「汚すんじゃないよ」と言った。私はその時、男と女はチガウナアと思った。同時に男はツライが女もツライなあと思った。振り袖は汚さなかったが真木はヨレヨレであった。島民が見たのは成人となり振り袖を着たヨレヨレの真木であった。

私はことある毎に「お前たちは大学なんぞ行かんでヨロシイ。高校も行かんでヨロシイ」と言っていた。真木は私に相談した。「ワタシ高校をヤメタイの」。私は即断した。「ヨシ！　明日手続に行こう。」妻は不服そうであった。次女真木は中学校を卒業する頃、「何をしたいか分からないから高校に行く」。成績が悪いので私立の女子高に入学した。その費用は相当かかったらしく、妻は自分のことは棚に上げてブツブツ言った。真木に連れられ初めて我が娘の通う女子高を見た。ナルホド。真木がヤメタイ気持ちが分かるような気がした。新興住宅地のはずれに建てられた校舎はモダンで明るい色に塗装されているが、ナニか空疎であった。私と真木に迷いがないことを納得すると、担任教師（若い女性）は即退学手続きをとってくれた。確かに、ここにいて失うものは多くあっても、得るものは少ない。私は真木の感性を認めた。

真木は高校中退後、花屋でアルバイトをしたり、タコ焼きを焼いたり、クレープ屋に勤めたりしていた。ソフトクリームの担当になったときは子供の長い列が出来、妻がそのワケを聞くと「アノお姉チャンなら手の所（ウエハースの部分）までクリームが入ってるヨ」ということであった。長女は北海道の演劇塾に在籍し、長男は植木屋に勤めたり布地問屋に勤めたり自活していた。私と妻は島に戻ることを決意し、次女真木は成人していないと判断し、島に連れて行くと宣言した。それに対し真木は「イヤダ！」とワメき、私は「お前をここに置いて行くワケにはイカン！」とワメキ、真木は折れた。が「ナンデ私だけ島に」。まだグシュグシュ言った。

島に戻って私は宿を建てはじめ、妻は島の郵便局に勤め長男も戻ってきた。次女真木は島の農協に勤め、大工仕事に忙しい私たちを養いながら、私の姉の所（大阪）や妻の母親の所（横浜）を行ったり来たりしていたが、ある日「私は島を出ない」と宣言した。結果、次女は島へUターンした青年と一緒になり四人の子を為し、その青年は前妻との間の一子ケンタを伴い帰島していたから五人、いや六人の子を育てた。何故六人か？　長女ぬい子は我が家では〝カッコウ娘〟と呼ばれ恐れられている。カッコウ、他処《よそ》の鳥に自分のヒナを育てさせるのである。シングルになった長女は演劇では食っていけず、幼い娘モエを連れて病院にアルバイトに入り、私と妻は見かねて孫娘モエを島にひきとった。病院の院長は、長女ぬい子が看護師に向いているとオダテ、長女はオダテラレルと木にも登るタイプで、資格を取るために夜間高校に通い始めたのだ。孫娘モエは小学校から中学校を卒業するまで次女真木が島で育てた。連れ子のケンタはモエと同年で、兄妹として育った。モエは高校、大学は東京に暮らす長女ぬい子のもとから通い、今は社会人となっている。ケンタは鹿児島の高校、大学を卒業し、やはり社会人となっている。

ちなみに私には十人の孫がいて、年長はケンタ、モエの社会人から、一番下は長男森の三女モモで小学三年生である。長男森は完全中卒だが嫁はヨコハマ生まれ育ちの妻を持ち、この島で四人の子を為し、今島の本村公民館長を務めている。長女ぬい子は、現在東京でモエと母子家庭を営み看護師をしている。このことを私の母に話すと、「世の中変わったんやなあ」と言う。長親にもなり、現在民宿くちのえらぶを采配している。孫の中で次女が産んだ最初の子双葉《ふたば》（女）が、来春から屋久島町職員となり島に戻るつもりらしい。その妹かの子（高二女）は宿を継ぐつもりでいる。女は男を連れてくる、私も妻についてきた。

マイクロプラスチック

これは原発のメルトダウンに劣らず深刻な人災になると、島暮らしを始めた頃から私は思っていた。島に戻り今までにないその夥《おびただ》しいゴミを見、テレビで特集が組まれ報道されていることに感心もし、さらに恐くもなった。私は四十三年前、二十六の歳にこの口永良部島に移り住み、十年間この島で暮らした。その間釣りを覚えた私は足繁く磯に通い、釣った魚は私たち家族の食料となった。私はたまに食い付く大きな魚を逃さないように、他の人より太い糸を使い、鉤も太いものを使った。確かに魚の食いは悪いが一家五人の食料を得るには充分だった。太い糸と太い鉤は、当然長持ちする。現代文明の産物を使用していることに変わりはないのだが、されど、ここが大事だと思っているのだ。

当時のゴミの量は今ほどではなかったが、やはり漁網は岩に引っかかりプラスチック容器は岩と岩の間に挟まっていた。八年程私たちは島を離れ、再び島に戻り釣りを再開した私は磯に打ち上がったゴミの量に驚いた。出所を確かめてみると、中国・韓国・台湾のモノが多く見られた。中にはロシアの潜水艦から放出されたものだろうと思われる非常食もあった。それはメタルパックされていて、恐る恐る齧ってみるとカロリーメイトをもっともっと濃縮したようなモノであった。

かつて島ではゴム草履が大量に打ち上がり、右ばかり拾う人左ばかり拾う人がいて互いに交換し合い、島民一同一時同じ草履を履いていた。大量の草履を拾った漁師はゾウリのイオ（魚）を大漁したと苦笑いしていた。また大量の白いTシャツが打ち上がり、磯はまるで白い鳥が群れているようで、これまた島民一同一時この白いTシャツを着ていた。こんな漂流物や面白い型の流木や役に立ちそうな物を探すのは楽しいが、今はそれどころではない。漁具やポリタンク、さまざまな浮子《うき》やプラスチック容器、特に発泡スチロールで出来たものは荒波で砕け強風であちこち飛び散り、草木の中にも入り込んでいる。中には針の付いた注射器もあり、砕け海の底に沈んだものも夥しいだろう。また、コールタールがボールになったり、岩に附着したりしたものも夥しい。

西ノ浜《にしのはま》と呼ばれる砂浜があって子供の海水浴には安心して遊ばせ易い所で、小さい子を連れた帰省客がよく訪れる。島の学校水泳所にもなっている。本来島の砂は火山島で黒いのだが、この浜の砂だけは薄黄色である。これはブダイ（魚の種）がサンゴを齧って排泄したものが積もったものである。この浜にも漂着するゴミは夥しい。私たち島民は総出で毎年夏前、海岸清掃するのだが、燃やせばダイオキシンを放出するので全て屋久島に送る。取っても取ってもまた積もる。凄まじいゴミの量である。恐らく日本で出たゴミや放射能はまずアメリカやカナダに行き、世界中をアチコチ巡るのだろう。そして日本には、西や南の国々からゴミやPM二・五が流れてくる。

砕け溶けたプラスチック片は魚介等の中に入り、人の中にとり込まれる。これから生まれる人たちは大変な世に暮らすことになる。にもかかわらず、多くの人たちはたいして恐れることもなく、またそのヒマもなく、ますます便利さを追い求めるだろう。これは誰彼のせいというより、人は動物であると同時にモノを作り出す宿命を負ったということだろう。しかし、状況は欲深い人たちによって加速し、原発のメルトダウンに匹敵する恐ろしい事態になりつつある。

サテ、どうしたらイイ？

ネコとカラスの恩返し

島にもカラスは多く、妻はカラスとも友達になる。「あんな奴と親しくするんじゃない」と私が妻に忠告すると、どこで聞いているんだろう、干した私のフトンには、ベチャッ！　カラスのフンが落とされている。カラスじゃないかもって？　いやアイツに決まっている。

子育て時期のカラスはカアカアガアガアとウルサイ。宿の近くの松の樹の上辺りに巣があるようだ。今は死んでいないが、ボロと呼ぶ雌犬を飼っていた頃のこと。客もあって鎖に繋ぎドッグフードを与えていたところ、二羽のカラスがチョンチョンとボロに近寄って来た。ボロは気に障ったのだろう、ガウウーと一羽に迫ったところ、繋がれていたワケで、そのスキに別の一羽がドッグフードの皿（プラスチックで軽い）を嘴で咥え、ツイツイと危険圏外に引き出してしまった。二羽共に頬が膨らむまで食べる間、ボロは為す術もなく、ただワンワンと鳴くしかなかった。カラスは欲張って頬を膨らますと草の陰に貯める習性がある。散歩中、鼻が利くボロは、それを嗅ぎつけると腹も減っていない筈なのにガツガツと食ってしまう。要するに回収したのだろう。私が子供の頃、洋画（アメリカ・フランス・イタリア）の最盛期であった。数多く観た中でバグダッドの盗賊が出て来る映画があった。その盗賊の眼がカラスの眼とそっくりだった。

前田地区に住んでいた頃、ある日妻がカラスを脇に抱えて帰って来た。「？」。妻曰く「ナントカオジがこのカラスはてんご（イタズラ）ばかりしおって、今から吊るすと言うから貰って来た」。果たして飼うことになった。

カラスは体力が回復すると土間に据えた食卓を荒らし、犬猫のエサも食ってしまった。妻もアキラメタようで、野に戻すと言う。放されたカラスはしばらく家の周りのガジュマルの枝を転々としていたが、やはりこっちもアキラメタらしく山に帰った。翌日だったか数日後だったか、子供を叱る妻の声を聞いた。「いつも言ってるでしょ。この花は摘んじゃあダメと」。それは庭に咲くホウセンカの花で私の好きな花であった。子供たちはワケが分からないという顔で、摘んでないと言う。見ると玄関前に数センチ離して五、六輪並べてあった。次の日であったか、今度は赤い実が五、六個、やはり数センチ離して並べてあった。やはり子供たちは知らないと言う。私はその並べ方に子供ではないものを感じた。そうだカラスだ。私はハタと気付いた。カラスも恩返しするんだなあ。「私はココにいるよ」かなあ。

恩返しついでにネコの恩返しも記しておこう。私にではない妻にだ。私は恩を返されるような人間ではない。妻はこの田代の地から本村へ、よくバイクで買い物に行く。途中でノラネコに会い、いつもキャットフードを食べさせていたようだ。妻曰く「いつもと様子がチガウのよねぇ。従いて来いと言ってるみたいなの。それで従いて行ったの。そしたらココ、ココと言ってるみたいなの。それで覗いてみたらバッタやトカゲの死んだのがいて、手（前足のことだろう）でこっちの方へ押し遣るの。食え食えと言ってるみたいなの」と、妻は如く語った。

トンビ（トビ）とニワトリ

島では上空を仰ぎ見ると、よくトンビがゆっくり輪を描いているのを見る。カラスはそれが気に入らないらしく、二、三羽連れ添ってジャマしに行く。トンビはそれを心得ていて風に乗ってさらに上空へ。下から見ている飛べない私でもカラスの飛び方はヘタクソだなあ〜と思うが、低空ではカラスの世でトンビが大きくても勝負にならない。トンビは単独でカラスは群れる。

こんな光景を見たことがある。上空をクルクル舞っていたトンビが急降下し、海面スレスレで羽を広げなにか掴んだようだ。細長いものを掴んで大きく羽ばたき、ユックリユックリ上空を目指す。「ガンバレ〜」。そうはさせじと三羽のカラスが追う。一羽が猛追尾をかけトンビはヒラリと身を躱《かわ》し掴んだものがキラリと光る。あっサンカン（和名ダツ・するどい歯の長い嘴を持ち海の表層で小魚を捕食する魚）だ、と私は思った。もう一羽のカラスが横から突っ込みトンビはそれも躱し、後は入り乱れた空中戦であった。トンビはやむなく掴んだ獲物を離した。キラリと光った長い魚は下へ下へ、トンビは上へ上へ、カラスは追尾をやめた。

宿の敷地の端にニワトリ小屋を造っている。昼から夕方までは外に放す。その間ニワトリは青葉を突っつき虫を探す。噴火災害全島避難で生き残ったニワトリは雄一羽雌六羽だった。寒い日だった。私も妻もほとんど外に出ることはなく洗濯物も室内に干し、夕方小屋を閉めに行った妻は頭がかろうじて付いている程首を噛み切られた雄鶏を見付けた。小屋の近辺は白い羽根が散乱し、雌鶏たちはヤブに隠れていた。猛禽（タカなど肉食鳥の種）の仕業で、この種の鳥を上空に認めると雄鶏はスルドイ警戒音を発し、途端に雌鶏たちは近くのヤブに身を隠す。

私は島暮らしで一度雄鶏と島のノスリ（猛禽類の一種）の戦いを見たことがある。島に移住して数年後、本村の借家の空地に小屋を造りニワトリを飼った。敷地周りは竹で囲っていたので放し飼い状態だった。ちょうど私が土間から外に出ようとした時、スルドイ雄哮《おたけび》を発して雄鶏は背を地面に付け両脚のツメを天に向けてカッと突き立てた。襲撃したノスリの腹を狙ったのだ。失敗したノスリは再び襲うことはなかった。これは戦いというより雄鶏はこう立ち向かったということダネ。

妻が見付けたこの雄鶏も、恐らくこのように立ち向かい、そして敗れたのだろう。雌鶏たちは恐れおののいていたが、被害はなかった。妻は捕らえられたこの猛禽を見たことがあると言う。「決してジタバタしなかったわよ、眼が賢そうで凜々しい顔をしてたわよ」ということである。私も捕まってもジタバタしないようにしよう。

エラブオオコウモリ

私は戦後大阪吹田市の街中で生まれ育った。子供の頃、夕方になると小鳥のようなコウモリが飛んだ。器用な子がいるもので小石をサッと空に投げ上げ、その落ちる小石について急降下して来るコウモリをサッと小網で捕るのだ。見せてもらうとネズミの鼻を押し潰したような顔で、「アイツは、鳥でもなく獣でもないコウモリのようなヤツだ」と、面妖さもあって、当時の私たち子供には忌み嫌われた。

さて島のオオコウモリであるが、この島が棲息北限らしい。首回りに三日月形の薄黄色（いや金色の方が正確かなあ）のマフラーを巻いているようで、スピッツの仔犬のようなカワイイ顔をしていた。毛触りは正にビロードで、歯はドラキュラのような尖った小さな歯をいっぱい持っている。妻は恐がりのクセにこんなことは平気らしく、電線に停まって落ちたオオコウモリを保護しようと手を噛み付かれても、「イタタ」と言いながらも顔は笑っているのだ。変な女である。私はマトモである。エラブオオコウモリは主に樹の実を食べるフルーツバットで、私たちが島で借りて住んだ家の周りはガジュマル、アコウ、イヌマキ等が生い繁り、特に夏場の夜、オオコウモリたちはギャア～ギャア～と集合した。まるでジャングルの中に住んでいるようであった。当時に比べると現在オオコウモリは、ずいぶん減っているように思われる。

十年島に住み暮らし、八年程街に逃げ出し、再び戻って来るとオオコウモリを研究しているという中学校の教員がおられた。十年程島にいるとおっしゃるから、私たちが島を出た直後赴任されたようだ。その後数年勤務されていたから十数年島に残ってコウモリの調査研究をされたことになる。山海留学生の里親にもなられ、ワーがお世話になった先生でもある。私より十歳程年長で、奥さんは鹿児島で病気療養されているとのことであった。

エラブオオコウモリを専門にする人が幾人か島に調査で来た。二カ月ほど前だったか、夕方から夜九時頃までオオコウモリの飛行をカウントしてくれと依頼された。島の要所に人を配置し、一斉カウントする計画で、今回が二回目である。磁石と記入板を渡され、私は宿の庭にイスを持ち出し、ついでにビールも持ち出し、イスにドッカリ腰を落としビール片手に三六〇度首を回す。オオコウモリがこの田代地区をいつどの方向から飛来し、どの方向に去ったかを確認するのである。二回ともに確認出来なかった。宿の仕事をしている時など、夕方ベランダの前を黒い大きな鳥がヒュッと飛び去ることがある。カラスより大きく、羽の振り方からコウモリだったなと後から思う。待ち望んでいると現れず、何げない時に見たりする。そんなもんだ。

噴火災害で島の樹木はかなり枯れ、コウモリやさまざまな生物にとっては大きな傷手《いたで》であったろう。これは地球が繰り返して来た自然のサイクルで、そんな地球に島に私たちは今住み暮らしている。

口永良部島新岳噴火——全島避難

二〇一五年五月二十九日、午前十時ちょっと前、新岳は噴火した。その時私は、妻と私の老後のための家を建築中で、屋根板張りを手伝ってくれているセキグチさんにお茶を出そうと宿の厨房にいた。妻は昨日屋久島に出向き今日の午後船で帰る予定だった。

なにかゴーッとジェット機がすぐ近くを通過するような振動音がした。私は幾度か噴火を経験しているのですぐ分かった。セキグチさんが「噴火だ！」と飛んで来た。私の宿から火山は見えないのだが、その方角にモクモク渦を巻きながら湧き上がる黒煙を見て私は慌てたが、黒煙の先が南に流れていてこっちには来ないと思った。セキグチさんは前田の自分の家に行くと言う。黒煙は前田の方に向かっている。「ヘルメット!」。私の掛け声に、それを掴んだセキグチさんは車で去った。二キロ程走ると彼は黒煙の中に突っ込むだろう、無事でありますように。逸《はや》る気持ちを抑え、まず火の用心。ガスの元栓を閉め各室の電気を確認。窓や戸は全て閉めた。宿泊客がないのは幸いした。こう後から記述すればあたかも冷静沈着に見えるだろうが、正直慌てていたのだヨ。昨年八月の噴火が役に立っている。次はとにかく避難すること。要はとにかく火口から遠ざかることである。ニワトリやノラネコたちは彼らに任せよう。島の全戸はプロパンガスでボンベの元栓も止めた。ヘルメットを忘れてはならない。飲料水は避難所に用意されている。足元OK。首にタオルを巻いて車に乗り込み、いざ番屋ケ峰に。昨年八月の噴火から私たち本村区民は番屋ケ峰へ避難集結することに決めていた。

それまでは、県町主導で本村港に集結せよとなっていた。ヘリコプターや巡視船等で避難するという大掛かりな訓練が行われ、私たち島民は首を傾《かし》げるものであった。島で暮らす私たちはとにかく火口から離れようとする。本村港は火口から近い。事実今回の噴火は、本村港がある湾内に火砕流が流れ込んだ。島のことは私たち島民の方がよく分かっている。

番屋ケ峰は瓢箪型の島の括れた所から西の一番高い山で、標高二九一メートルである。その頂付近にNTTが頑丈な建屋を有していて、とり壊す予定のものを町が避難所として借り受けた。噴火翌年、二〇一六年秋避難所として開設された。この建屋からは火山新岳を遍《あまね》く見渡すことができ、今後予想されるスーパー台風も凌《しの》ぐことが出来る。私の宿から避難所まで車で三十分程、途中で港のある本村集落のすぐ横を通る。避難するのは私一人で余裕があった。噴煙の先端は本村より南をゆっくり動いていて、私は避難ルートから外れてまず孫六人が通う小中学校に寄った。学校は蛻《もぬけ》の殻だった。学校ではいつも職員の車が前を校門に向けて整然と置かれていて、いざ噴火となればどの車に誰が乗るのか決めてあるのだろう。よく訓練されている。年寄りが残っていないか本村の中を通ってみたが消防団員が誘導したのだろう、見かけるのは若い消防団員だけであった。

私も十年程島の消防団員を務め、島の西北端野崎に座礁したカツオ一本釣り漁船の乗組員を救出するため、夜出動したことがある。またアメリカ人火山研究者が新岳近辺で忽然と姿を消した事件もあった。アメリカではその人は著名な人らしく、沖縄から米軍哨戒機二機と銃口をニョキッと突き出したヘリコプター四機が島の上をブンブン飛び回った。その時は、この島がまるで米軍に乗っ取られたようだった。日本側からは機動隊、警察、屋久島と口永良部島の消防団員が参加し、数日間山頂や山腹を捜索したが発見出来なかった。海外から足跡を辿るチームやロッククライマーも参加したが、未だ発見されていない。ＵＦＯに連れ去られたかなあ、と言うより乗っていったかなあ……。その頃、島の消防団員は若い人と入れ替わり、私が最高齢だったかなあ。島の分団長は娘婿のマサユキで、副分団長は息子の森。ちなみに私は星二ツの二等兵で、息子供からアゴで使われ拗ねていたところ、ちょうど若い交代要員ができて、エイ！十万円の退職金を貰って辞めた。脱線したようだ、私は番屋ケ峰避難所に向かった。避難所は工事のための作業員もいてごったがえし、島民たちは互いの無事を喜び合い、ビックリしたことや怖かったことを話した。子供たち孫たちも皆いた。エイ！　脱線ついでに言っておく。私には島を出た四人の孫を合わせると十人の孫がいて、島の子供の半分は私の孫だ！　金や地位は自慢にはならぬが、孫の数は自慢する。文句あるか？

セキグチさんが顔を見せた。灰かぶりで彼の住む前田地区は火山灰が凄まじかったそうだ。向江浜に独り住むゼンさんが顔や手に火傷を負い、消防団員に両脇を抱えられて到着した。火砕流にやられたようだ。向江浜は前田集落の東横の谷筋にあって、以前も土石流で多くの死者を出した地区だ。今回の噴火はその谷筋を火砕流が流れ下り、海まで到達し本村港に迫った。セキグチさんの家は前田集落の外れにあって、火砕流からギリギリ免れた。彼は群馬県から妻子を連れて十数年前、島に移住して来た。島の定住促進で出した〝島民募集〟に呼応して来た最初の家族で、彼は数年かけて独力で今の前田の家を建て、その家が今回の噴火で灰かぶりになった。彼の一人息子タクマは現在鹿児島の農業高校に通い、島に帰って農業で貢献したい、と言う。火砕流の危険を抱えた地に家を建てたセキグチさんの想いは複雑なようだ。

大噴火の前年、二〇一四年八月三日昼前の噴火は、台風の影響で東寄りの風が強く、噴煙はもろに私の住む田代地区に押し寄せた。真昼なのに一時辺りは真っ暗で懐中電燈ナシでは動けず、車で妻と避難する時ライトを点けてノロノロ走った。番屋ケ峰避難所では私たちの車とネマチ（私たちの近くの温泉集落で二世帯四人が住んでいる）の車だけが灰かぶりで、噴石がなく幸いだった。噴火はその日の風向きや風力、時刻、天候が大きな要因となる。この噴火でレベル3となり、子供たちとその保護者たち・教職員等島の半数の人たちが屋久島に自主避難し、南側の町道は通行禁止となり入山は規制された。自主避難した人たちは屋久島に一週間程いて帰島したが、島でターザンと呼ばれる老漁師や牛を飼う人たち、主に年寄りたちは、消防団の一時避難勧告を頑強に拒否し、私もニワトリの世話や宿の床下などに棲む二十匹近いノラネコの餌やりや宿に入り込んだ火山灰の掃除もあって島に残った。しかし翌二〇一五年のこの大噴火でレベル5全島避難となり、島は無人と化した。

避難所の真上にヘリコプターが来てロープを垂らし、映画さながらにヘルメットを被った二人の隊員がヘリコプターからスルスル降りて来て、火傷を負ったゼンさんの具合をみた。ゼンさんは自力で歩けるという。そのゼンさんと体調を崩したミノオジ夫妻を、一足先に屋久島へ搬送することになった。三人は消防車で島のヘリポートに向かった。残った私たちは皆、着の身着のままで避難しており、お腹がへってきた。カンパンや水は備蓄してあった。誰が握ったのかおにぎりもあって、カンパンは固く年寄りにはおにぎりが有り難かった。簡易トイレも使用出来て女性は助かったようだ。

午後三時頃、全島民島外避難の指示が出された。フェリー太陽の出港は午後四時だという。一時間しかないが、各自必要なものを揃えるため自宅に戻ってよいことになった。我が家に戻った私は、まずニワトリ小屋を開け、たっぷり餌を与え、次にノラネコにも。宿の水は湧水で近くの川からパイプで三トン入る水タンクに溜めていて、タンクは宿より高い所に据え付けてあるので、その水圧で蛇口を捻れば水が勢い良く出る。タンクから溢れ出た水は離れ屋の玄関前に出て来るようにしてあり、ニワトリやネコの飲み水はこれがあれば心配ない。問題は食い物である。ニワトリは虫や野草、ネコはバッタやヘビや野鳥、腹がへったらニワトリを襲うかも知れないが、普段はニワトリの方が優勢でネコの方が避けている。とにかく彼らに任せよう、屋久島に連れて行くわけにはいかない。

私と妻の下着を数組、免許証（島では持っていたことがない）、保険証、メガネ、タオル、宿に残っている現金等々バッグ一つに収まった。屋久島に行けば何でも手に入る。各種通帳等は屋久島に出かけている妻が全て管理している。私にはそのようなことは全く分からない。街の郵便局にある現金を引き出す機械などは操作する気もなく出来もせず、出来るのは壊して現金を持ってゆこうとして逮捕されるくらいだ。もう一度火の用心戸締まりを確認した。島では大概施錠などしない。我が家も錠などないし、泥棒が入っても持ってゆく物などない。島の人の出入りは皆見ているし、島はフルネームの世界で性格や癖まで分かっている。

午後四時前、港に着き、車を乗り捨て、氏名の確認を受け、フェリー太陽に乗った。ほとんどの島民が乗ったらしく、通路にも人がいて客室は足の踏み場もなかった。子供たちは皆いた。私は上階の椅子席に行ったがそこも一杯で、甲板の椅子に陣取った。午後四時過ぎ、フェリー太陽は私たち全島民と工事従事者等百五十人程を乗せ、一路屋久島を目指した。かくして口永良部島は無人と化した。

屋久島へ行くには口永良部島の南部・東部に沿って航行する。甲板から見える島の姿は、今回の噴火が如何に凄まじいものであったか教えてくれた。

島でターザンと呼ばれる男

島でターザンと呼ばれる老漁師カズミオジは私より十歳程年長で、体格が良く素潜り上手である。私が島に移住した頃、画家青木繁の絵のように赤や青や緑の大魚を丸太に吊るし、水夫《かこ》と共に両端を肩にノシノシと桟橋を歩く姿をよく見た。オジは数十メートル潜り数分海の中から出て来ないそうだ。舟の上で心配しているとウンコがポカリと浮き上がって来たという。

しかし今回の噴火はレベル5まで引き上げられ全島避難となり、ターザンも屋久島に避難した。陸に上がったカッパである。

避難生活

私たち口永良部島民は、二〇一五年五月二十九日から屋久島宮之浦に避難し、それぞれ帰島した日は違うが私と妻は最も早く、避難生活は六カ月と十日ほどであろうか。私たち島民は初め集団で避難生活をし、その後各家庭に与えられた住宅での避難生活を送った。

私たち被災者を乗せた町営船フェリー太陽は屋久島宮之浦港内に入った。桟橋は人でギッシリ埋まり、テレビカメラはこちらを向いていた。妻の顔がチラリと見えた。忘れられひっそり暮らしていた私たち島民は、一躍時の人になったのである。既にそれぞれの避難先は決められていたようで、下船の前に三班に分けられ、私は〝老人いこいの家〟が避難先だそうで、カシャカシャカメラのシャッターの中を、逃げるように守られるようにマイクロバスに誘導された。それまでは、アチコチの被災者の様子をテレビで漫然と見る側だったのが逆になった。

集団避難所は宮之浦に三カ所、老人いこいの家、中央公民館、じょうもんの苑《その》で、私と妻が指定された老人いこいの家は男十五人、女十六人、計三十一人、PTA会員と子供たちがほとんどで、若いグループであった。屋久島に来ると歩いてよく通る県道から少し山側を登った所に在り、玄関口から十メートル程離れてロープが張られ、報道陣が入れないようにしてあった。ちなみに三十一人の中で児童生徒は九人、教員は校長以下九人であった。避難所の広間は五十～六十畳程の板張りで、隅々に荷物を置いて自分たちの居場所を確保した。いつ島へ帰れるのか、今日からここで生活するのである。

広間から一段下がった所に玄関と廊下があって、その前に小さな厨房があった。厨房の並びに六畳程の和室が二つ・男子トイレ・二畳程の更衣室・使用されていない広い浴室（資材置場になっていた）があり、廊下をはさんで女子風呂（やはり資材置場）・更衣室・女子トイレ・管理人室・玄関となっていた。建物の裏手は広い駐車場だった。ここで男女三十一人が共に暮らすのだが、子供たちは皆と寝泊まり出来ることを喜んでいる。私にとっては別に嬉しくもないが、なるべく皆に負担をかけないように過ごそう。そのためにもお早う・おやすみ・ありがとう・いただきます・ごちそう様・ご苦労様など挨拶は決して端折《はしょ》ってはならない。私たち大人は、噴火災害避難生活の一面だけを捉えるのではなく、マイナス面があればそれだけプラス面があることを認識しなければならない。この時こそ私たち島民は辛抱強さと、挨拶の大事さを、子供たちに伝えなければならない。伝えたいことは大人がまず率先して行うことで、子供たちに口で言うだけではダメだ。

夕食は宮之浦の婦人会だろうか、メニューはよく憶えてはいないが余るぐらいの料理が出された。風呂は女子は港の近くに大きなホテルがあって送迎してくれるという。男子は避難所の横に屋久島電工があって、その敷地を数分歩くと従業員が使う浴場があり、夜七時半以降自由に使ってよいとのことであった。食事も済み風呂も入り用意された寝具で皆寝床を用意しだした頃、私はこの避難所で最高齢者でありこの特権を使うことにした。私は「夜トイレが近い。皆の頭を踏んづけることになる。トイレに近いタタミの間に寝ることが皆のためになる」と説いた。皆最高齢者の言うことだから仕方ナイとなり（年寄ることもマンザラではないネ）、かくて避難所生活の第一夜は過ぎた。屋久島町の職員が二人、早朝から夜まで常時付き添い、私たちの便を計った。ご苦労様（妻は前日から民宿にいたので夜寝る時はその民宿を利用した）。

数日は婦人会の方々が料理したものを届けて下さった。避難所には小さいが厨房があり食器もあり、私たちの中で調理上手が主に朝食を担当するようになった。盛り付け、片付けはセルフサービスである。昼食は私たち被災者を慰めようとさまざまな企画がなされ、業者の提供も多々あった。例えばある日、県道沿いで川の横にあるラーメン屋で黒いラーメンを御馳走になり、ある日は宮之浦の洋食屋がハンバーグやエビフライを御馳走してくれた。ある日はわざわざ熊本から業者が来て、私たち被災者を優先して屋久島の希望者も含め多量のラーメンを町の総合センターでふるまってくれた。濃いトンコツ味で美味しく、ハシの袋には私たちへの応援メッセージが記されていた。夕食は十日間以上、宮之浦の製菓会社の二Fレストラン（百五十人程入れる）で、島民被災者が一同会《かい》して夕食をとった。数日は各自の席に料理が並べられたが、それぞれ食べる量にバラツキがあって、以後はバイキング方式となった。さすがにレストラン料理で全て美味であった。分かれて避難生活する私たちには、皆の顔姿を見ることができ、ホッとするひと時であった。

支援を受けた物質や食糧は正直溢れる程あった。お茶・水・ジュース等ペットボトルに入ったものは、クーラーボックスに氷と共に入れられいつでも飲めた。米は余りお菓子やパンは箱に溢れ、野菜や果物が欲しいネと言っていたところ、誰かが聞いたのだろう、そのうちに余るようになった。町が提供してくれるものと見舞客が持って来てくれるもので食品は溢れ返った。

さらにＮＴＴが無料の電話機五台を設置してくれて、こちら側から一方的に連絡をとるものだが、私の相手は東京や大阪、遠方にいて大いに助かった。その他ボールペン・ノート・メモ用紙・ハサミ・爪切り・体温計・バンソウコウ・ティッシュペーパー・各種医薬品等々こまごました物もほとんどあり、インスタントのコーヒー・紅茶・クリーム・いつもお湯が出る電気ポット、そしてキャンディ。至れり尽くせりであった。また役所横には物資支援センターが設けられ、扇風機から爪楊枝に至るまで揃えられ、不自由することはなかった。これ程恵まれているのに、私たちは島に帰りたがった。

この避難所に来て私と孫の梗《こう》（小三男児）は、一緒に歩いて風呂通いすることになった。母親である嫁の恭子は女児と一緒にホテルの湯に行った。父親の森は消防団の仕事が忙しかった。男子用の屋久島電工の湯を一度使ったことがある女性に言わせると男クサイ湯だそうだが、私たち男にとっては誠に入り良い湯であった。私はシャワーで身を洗い、浅いが広い浴槽にサッと身を浸けて上がる。やはりいつも一緒に風呂通いする小六のカズマとコウはその浴槽で一時ふざけ合ってから上がる。私はこの連中につき合う気はなく、サッサと体を拭き着替えサッサと歩いて帰るのだが、いつの間にかやはりふざけ合いながら後を追《つ》いて来る。母親や女児たちは男子より早く車でホテルの湯に向かうのだが、私たちが戻っていっ時した頃サッパリした様子で戻って来る。ある日決められた時間通り湯に行ったところまだ従業員がいて、彼には遅れて申しワケないと謝られてしまった。私たち被災者が如何に大事にされているかを知り恐縮した。

洗濯は係の人を決めて玄関前に二台の自動洗濯機を据えてフル回転させ、天気の良い日は外のロープで悪い日は中で干した。数日は皆板張りの広間にフトンマットを敷いて寝たのだが、たしかに固い。そこへタタミ会社から現代風の軽いタタミが数十枚寄贈された。その頃私は領有したタタミの六畳間を出て、物置場になっていた管理人室を片付け管理人となっていた。お陰で見舞客の対応をさせられ、マイルームを持つのも考えものである。放棄した六畳間は女子の更衣や体調がすぐれない人が休む部屋となった。タタミに次いでダンボール会社から被災者用として全てダンボールで出来た一組のベッドを戴き、組立法を教わった。八個のダンボール箱の上に幅広い平ダンボールを敷いたもので、段段ベッドと称するそうである。私のいる避難所は若い人がほとんどで、誰も使うとは言わない。当然私が使うことになり、軽いタタミも敷いてマイベッドとした。寝心地はナカナカヨロシク、避難生活もマンザラではないナア、このままいてもイイカナア、とチラと思ったが、ブルブル、ナニガナンデモ私は島に帰る！ちなみに避難所のトイレにはおしりにお湯が当たる便器があって、恐る恐る使って病み付きになった。

私は大の酒好きである。モチロン大の女好きでもある。ビール・ウイスキー・日本酒・ワイン・ブランデー・泡盛・テキーラ・ジン・ウォッカ・発泡酒・カンチューハイ・馬乳酒（実は飲んだことがない）、甘かろうが辛かろうが、強かろうが弱かろうが、熱かろうが冷たかろうが、何でも飲む。どの銘柄は飲まないとよく言う人がいるが、私はそんなヤワなことは言わない。出されたものは何でも飲み食いすれば良い。飲めない人は正直に飲めないと言えば良い。友人は私の酒好きをよく知っていて、避難生活で酒不足が分かるらしく、ウイスキー・泡盛・焼酎・サケ・ビール等々送ってくれたり持って来てくれたりした。皆カンシンカンシン。余れば先生連に飲み助がいて飲んでもらった。ちなみに幾種も酒があれば私は最も旨いモノから飲む。明日をも知れぬ我が命、デアル。

避難生活四日目、六月一日（月）から子供たちは屋久島宮之浦の小学校と中学校に通い始めた。朝、報道陣がびっしり待ち構え、その警護のためか二人の婦人警官が同道し、何やらものものしい雰囲気だ。子供たちも教員も緊張している。今日明日給食はなく、昼頃ここに帰ってくる。いってらっしゃい。つくづく子供たちは私たち島民の宝だと実感する。

六月十七日、集団避難所老人いこいの家から私と妻の避難住宅となる、安房《あんぼう》の地の空き教員住宅に移転した。町は空いている公営住宅を早く開放して、私たち被災者の負担を軽減しようとした。私と妻が選んだこの住宅は六畳の和室が三部屋・八畳ほどのＤＫ・トイレ・風呂（ガス）・玄関があって、基本的には鉄筋コンクリート製一戸建てで、六畳の一室は私のモノ書き部屋となった。柿の木が生える小さな庭にロープを張り巡らし洗濯モノを干した。水・電気・ガス・トイレ・風呂は完備しており、洗濯機・冷蔵庫・テレビは町が用意してくれ、食器やこまましたものは物資支援センターに頼った。屋久島の友人たちは車や小さな食器棚を貸してくれたり食卓を呉れたり、中には余った国語辞典を呉れたりした。どれも本当に役立ち感謝している。住宅は県道から数百メートル山側に入った開拓地にあって、家屋はまばらであった。アチコチでよくキジを見かけ、妻と散歩中サルを見かけたこともある。

私は五十七の歳に車の免許を取り、口永良部島以外で車を運転することはないと思っていたのだが、アニハカランヤ宮之浦まで時速五〇キロ以上をブッ飛ばし、未だ生きている。口永良部島とは大チガイで屋久島は県道に出れば何でもあり、空港もあれば総合病院もあり、何でも揃う大型のスーパーやドラッグストア、驚いたのはアチコチにコインランドリーがあったことである。人の暮らし方や住居の変化が大きな要因であろう。梅雨時センタクものが良く乾かない日、妻も近くのコインランドリーをよく利用した。そのためにも車は必要で、どの施設にも広い駐車場があった。何をするにも財布が必要で、財布を持たない私には妻が必要で、妻は財布の中に現金と夥しいカードを持っていた。ココは全く街だ。早く島に帰りたい。トホホ〜。ここにいたら私は死んでしまう（本当だ！）。

十二月八日、ついに私と妻は完全帰島を果たすワケだが、この地に約半年、私はまるで受刑者のように帰島が叶う日を指折って数えた。二〇一一年の東日本大震災では、三年も五年も避難生活した人、今も避難生活している人がいる。ましてや酷い放射能汚染にあった人たちは、まず帰ることが出来ない。島民の多くは島に近い宮之浦の仮設住宅を望んだが、私たち被災者が如何に恵まれているといっても、帰島したい想いは皆同じであった。

この避難生活中、私たちは日本全国さまざまな団体や人たちから支援激励を受け、さまざまな催しが開かれた。頂いた支援金は今後島への定住促進支援を主として、子育てし易い島作りを目指し使途を計っている。開かれた屋久島でのさまざまな催しをざっと記してみよう。忘れているものもあるかと思うが、悪しからず。

私たちを励ますため二度落語会が催され、腹の底から笑った私たちが元気付けられたことは言うまでもない。ヴァイオリン（奏者は障碍者で私たちの士気を高めてくれた）やフォルクローレ（島でも数回コンサートを開き、プロ級）のコンサートが開かれ、三宅島・三島村・徳之島の方々から慰問を受けた。三宅島も噴火災害を受け、どのように対応したか現在も抱える諸問題等の示唆を受け、私たちはナルホドと思った。三島村は私たちのすぐ北にある黒島・硫黄島・竹島の三島から成る村で、真ん中にある硫黄島は口永良部島と同様活火山を有し、いつも噴気を上げている。徳之島からの慰問団は男女高校生が主で、仮設住宅談話室にて男子高校生からは励ましの言葉と徳之島の名産品を頂き、女子高校生は三味線を弾き徳之島の民謡を唄ってくれた。声量があって上手であった。屋久島からは地元のサウンドグループ・ビッグストーンズと屋久神太鼓の演奏があり、ある日は日本国首相や鹿児島県知事や議員たちの慰問を受け、特に印象深かったのはアベ首相の手の柔らかさであった。ケイオウ大学は噴火災害以前から学生と島の交流を深めており、安房の川べりの民宿兼レストランで夕食を御馳走してくれた。五、六人の学生はアカペラシンガーズと称するグループを結成していて、宮之浦の空き民家を借りてそのノドを楽器ナシで聞かせてくれた。良いハーモニーであった。また多くの学生たちは宮之浦総合センターで口永良部島の特別展示会を開き、町民全体に口永良部島を知らしめ、私たち島民を慰撫《いぶ》してくれた。特にダンボール紙で作った島の立体模型は彩色され、私たち島民の望郷の想いを強めた。ありがとう。男性・女性の歌謡ショーも開かれ、安房春牧《はるまき》地区の祭りではトビ魚の塩焼きが振る舞われた。安房の花火大会は口永良部島より高く個数も多く圧巻で、人出たるものは夥《おびただ》しいものであった。

ここで一言、私はゼイタクでワガママな男だが、妻ならウンウンと頷くだろう、この避難生活中に受けた支援激励に応えるためにこの様子を本にしようと考えた。そのためには音楽が要る！ ここ（安房の地）はＦＭが入らない。私は何でも聴くが特に西洋クラシックが好きで、サラ・ブライトマン、スーザン・ボイル、マリア・カラス、中島みゆき、ピアフも好きだ。このことを大阪の友人にグチグチ言うと「しゃーない奴っちゃなあ」と思ったんだろう、簡易のＣＤプレイヤーと左右のスピーカー、私好みのＣＤ盤を送ってきた。妻に言わせると「求めよさらば与えられん」で、私に言わせると「天はやはり私を見ておられる」。お陰で捗《はかど》ったヨ。ちなみに我が宿のＣＤデッキは火山ガスのセイなのか、長く不在となったセイなのか不良となり、今このプレイヤーで聴いている。

戦争・紛争・テロ

私はこの屋久島で避難生活を送る中、テレビのニュースをよく観た。これは避難生活がいたって暇なせいもあるが、口永良部島のことがよく映されたりするからでもある。そして戦争や紛争やテロのニュースが実に多いことに気付いた。

フランスでテロ事件が起こり、ＩＳが犯行声明を出し、自爆テロと銃撃戦があったとのこと。かつて日本も飛行機や潜水艇を使って捨て身の戦法で若い命を散らしたが、これは一般市民を巻き込むものではなかった。しかし日本を襲った米軍の空爆や原爆投下は、日本に非があったといえども夥しい一般の人たちの命を奪う卑劣なものであった。

今盛んに行われる自爆テロは、主に一般市民を標的とした最も卑劣なものである。これに対し各国は空爆で報復する。これもテロと同等である。空爆はどんなにテロの拠点に的を絞っても一般市民を巻き込む。憎悪はますます募りそして遣り返す。終わる訳がない。戦争に大義は決してない。テロの首謀者も各国首相大統領も同罪である。

ここで皆さんしっかり眼を見開いて欲しい。この者たちのさらに上に、一見何もしていないような涼しい顔が見えないだろうか？　誰だか私にも分からないのだが、どこかの財閥かも知れないね。この御仁《ごじん》はまず我々の目には触れず、一見人の姿をしているが中身は悪魔である。悪魔もいろいろレベルがあるようで、かなりの数がいるようだ。私はその方面のエキスパートではないが、想像が付くのである。悪魔は一般の人にも入り込むし、一国の指導者・テロの首謀者・経済界の人・学者、中には聖職者に入り込むのもいる。私に入り込もうとするレベルの低いのもいて、勿論お断わりしている。

人はさまざまな欲を持っていて、悪魔が入り込み易い人はその欲が普通の人よりかなり強いようだ。どんな欲があるのだろうか。金銭欲・物欲・地位欲・名誉欲・性欲・名声欲、私にはこのくらいしか思い付かないが、分かる方がいらっしゃればお教え願いたい。食欲・睡眠欲等は犯罪にはあまり結び付かないなあ。

悪魔にも人間同様レベルの高低があるようで、高いレベルの悪魔はやはり高い地位にある人に入り込む。高いレベルの悪魔は相当に強《したた》かで、自ら人を殺したりはせず、弱者を労《いたわ》る振りも出来るし人を犒《ねぎら》うことも出来る。そして正義や道理を盾《たて》にスピーチも出来る。まず大概の人は騙されるね。そして下部の悪魔と人を使い大量に人を殺傷する。地球的には大きなダメージだが、一部の人には莫大な利益が生じる。悪魔が求めるものは、人類の愚を利用した神への挑戦であろう。挑戦というより憎悪であろうか。

ここで明言しておこう。私は神も悪魔もいると思っているが、私は如何なる宗教にも属してはいないし属する気もない。しかし私の性癖で八百万《やおよろず》の神々は最も大事にする。神々を尊敬はするが崇拝はしない。他人がどうであろうと、私はトヤカク言うつもりは全くない。私にも畏《おそ》れ敬うものがあるが、それは言わない。人はオープンが良いと私は思っているが、これだけは言わない。

我が読書

これは私が敬愛するアメリカの作家ヘンリー・ミラーの著作の表題で、私も我が読書のことを記してみようと思ったのである。私は中学生の頃「十五少年漂流記」を読んで、少年たちの友愛や反目よりも孤島での暮らし振りや工夫することに瞠目《どうもく》した。高校生になっても私はただ歩くだけで、妻と一緒になって子を為すまで読んだのはこの一冊だけだと言っても過言ではない。

妻と一緒になった頃、私と妻は本当に子供であった。世の中のことがサッパリ分からず、そして長女が生まれた。子供が子供を産み家庭を持った。当然私は金を稼がねばならない。生憎私はどこぞの御曹司ではなく、さまざまな職を転々とし、妻は長女のおしめを替え、乳を与え、料理をし、洗い物をし、買い物をした。そして私と妻はさまざまな人を見て、接し、世間を知りその中で考えるようになった。そして接する人たちが朧《おぼろ》げながら見えるようになって来た。

ちょうど知り合いの人がアメリカ製のエアコン販売会社を作り、私に販売員をやってみないかと声が掛かった。販売員であるから土方のような格好ではイケナイ、髪を切りスーツが必要だ。その金は会社が出すという。私は乗った。髪を切り（特別長かったわけではない）髭を剃り（私は毛深い方ではない）スーツを着た。立派なセールスマンだ。さあ稼ぐゾー！　私はスコップを持ったり焼き芋を売ったことはあるが、セールスマンは初めてだ。不運なことに、いや幸運だったのか、最初に飛び込んだのは外国人家庭だった。「失礼します」。飛び出てきたのは小学生くらいの金髪の男の子女の子三人で、私の周りを黄色い声を発して飛び跳ねた。私は逆上した。別に暴力を振るったわけではない。血が逆流したということかなあ。そこへやはり金髪で青い目のおそらく夫婦であろう二人が出て来て「？」と私を見た。私は言った。「アイアムセールスマン」。私は即セールスマンを辞めた。私にはヤキイモは売れてもエアコンは売れない。社長は怒ったがとにかく辞めた。若いということは、良くも悪くも自己本位なものである。勿論スーツ代はチャラである。

そんな時ヘンリー・ミラーの著作に出合った。何か符牒《ふちょう》のようだがその著作が『冷房装置の悪夢』であった。このようなことを僥倖《ぎょうこう》というのかなあ、朧げに見えていたものが急にハッキリ見えた。盲《めし》いた者が突然目明《めあ》きになったのである。この書を開けたとたん衝撃が走った。「この世のもっとも偉大なる人々は、無名のまま消えていった。われわれの知っている仏陀やキリストのごとき聖人も、世人が何も知らぬそれらの人々にくらべるなら二流の英雄にしかすぎない」。これはヘンリー・ミラーの言葉ではなく、ヴィヴェカナンダ師の言葉を引用したものである。

そしてヘンリー・ミラーは言う。「人間はまず貴族とならないかぎり―つまり王者らしいという意味で平等でないかぎり、兄弟たりえない（この貴族という言葉は現《うつつ》の貴族ではなく心の貴族ということであり、大多数の人たちが心の貴族にならないかぎり真の団結はない、古今東西心の貴族は非常に少ない、皆さん如何に困難なことかお分かりになるだろう。しかしアキラメルわけにはいかない）」。そしてこうも言う。「この世を楽園にする必要はない、現に楽園なのだから。ただそこに住むにふさわしくするだけでよい」と。

ここが私たち現代人の要となるところだ。私たち現代人は足るを忘れ、あくまでも安易安楽を求め、あくまでも便利さを求める。その代償はフクシマであり、ミナマタであり、マイクロプラスチックであり、各地の水害、旱魃、スーパー台風も然り、そして戦争難民である。その他を挙げればおそらくこの紙面いっぱいになるであろう。さらに人心の荒廃、これ等を孫子が受け継ぐことになる。この書『冷房装置の悪夢』は第二次世界大戦に突入する多数の人たち（指導者を含めそれに追随してゆく人たち―今もそうである）を、そしてアメリカに端を発し人類に蔓延してゆく物質文明を痛烈に呪っていた。私は数頁読んだだけでノックアウトされた。私は血を飲むように読んだ！

さて私の読書であるが、絶対的信頼をもってヘンリー・ミラーに導かれ読んだが、興味の湧かないものもあった。哲学書などは少し読めばすぐ放り出してしまう。肝心なところが分かればもうイイのである。ニーチェの「ツァラトゥストラ…」もそうであった。序説の「汝大なる星よ！　汝もし汝の照らすべき何ものをも持たなかったならば、何の幸福が汝に在ったろう！」。これら序文を読んだだけで私はニーチェを理解した。決して嫌悪したのではない、同類を見たのだ。後は読む必要を感じなかった。かく若い私が語ると、大概の聞き手は私に猜疑《さいぎ》の眼を向けるか憤慨するかどちらかであった。しかしこのこと（私の反応）はニーチェもヘンリー・ミラーも理解してくれるのを私は知っている。そして祝福してくれるだろう。人はそのままで良いことも、そのままではイケナイこともある。ニーチェもミラーもそのことをよく知っている。遜《そん》、不遜《ふそん》もよく知っている。知っているというより体得しているの方が近いかなあ。いや、生まれつきなのだろう。

私は詩をほとんど読まないが、ホイットマンの散文詩「草の葉」は私には心地良く、理解出来た。私も詩的になることがあるが、私は言葉のその合間が気になるタイプである。ゴッホのことをミラーは〝魂の最大の冒険者〟と評する。私もそう思う。脱帽する。

若い頃、私は胡座をかいた妻の座像を描いたが、ゴーギャンのようだとよく評された。これは私たちが街暮らしを捨て島暮らしを選んだことにもよるのだろう。その絵は五〇号のキャンバスに目いっぱい油絵の具で妻の座像を描いたもので、実の妻より大きい。鹿児島の県展に出品し落選して戻って来た。審査員の講評は「もっと身近なものを描くように」であった。私はアキレタ。妻より身近なもの？　ハシかコップかなあ、いやトイレかなあ。私は女性の雄大な姿を捉えたいと思った。男のみみっちさと違って基本的に女性は雄大なのだ。

ラフカディオ・ハーンは私に日本を再認識させ、ほとんどの著作を読んだドストエフスキーは社会の中で虐げられた人々の光明を私たちに知らしめ、その光明は普遍的であり、肖像画の彼の顔も普遍的であった。精神的な人の顔は、東洋、西洋、アフリカ等どの民族を問わず普遍的である。私が幾度も読んだのは「小公子」「小公女」や「ジェーン・エア」などで、ＤＶＤだが「チャングムの誓い」は幾度も観た。私は気高く自分より他の人のことを考える人が好きだ。自己中男である私もそうありたいと思っている。読書ではないが私は中島みゆきの歌が好きだ。彼女の歌の基調は怒りだ。怒りの中には慈悲もあれば、願い、ヨロコビ、などいろいろある。ある日次女の真木（高校二年生だったか）が何かむずかしい顔付きで聴いているのを見た。耳を澄ませば楽曲もよく、歌詞もしっかりしていて、題は忘れたが中島みゆきの曲だという。私はそれからすっかりみゆきファンになった。私を含めてみゆきファンは意外と多いようで、また自身のためより他の人々のために働く人も結構いて、ミラーのいう貴族にはこのような人たちも含まれていると私は思っている。この辺りに私の人類への信頼が未だ失われずにある。

ミラーは言う。「読書は少ない程良い、血でもって読め」。その通りである。私は私の血でもって読んだ。これは各自、血を濃くせよということでもあり、習慣的な読書（学校や行政、極論すれば見せかけの良心が推奨する読書）は、血を薄くすることにつながる。これは読書に限らずインターネットであったり、ケイタイスマホであったりゲームであったりする。今の私たちをとりまく情報量は血が薄くなければ受け付けられない量である。IT産業で一儲けしようという世の中で、血を濃くせよとは至難の業である。これに対抗するには、まず私たち大人が一人ひとりしっかり生活することに尽きる。そして人はこれで食って（生活して）ゆけると思う以上に稼いだら、その余った分の使途《つかいみち》を、地球のために他人《ひと》のために考えるのだ。地域のためでも良い、まず私たち一人ひとりが考えるのだ。企業や国は後から追《つ》いてくる。この人の世の主は私たちなのだ。私たちがひたすら正しく生きれば後は追いてくるのだ。

何を気楽なことを言って、と苦しんでいる人々も多いだろう。確かに今の人の世は悲惨である。しかし気付いた人からヤルシカナイのだ。こんなことを言えるのは日本国民だからだろう。だったら日本国からヤルシカナイだろう。善において地球一（ナンバーワン）の日本国を目指せ！

屋久島での避難生活中の私の読書を記しておこう。私と妻は会や催しの度に宮之浦に出向く。私の選んだ避難住宅は宮之浦に次いで大きな地区安房の外れにあって、閑静ではあるが宮之浦まで時速五〇キロで車を走らせても三十分かかる。この避難住宅を選んだのは閑静であることもさることながら、多くの避難者たちが宮之浦居住を望んだからでもある。私は車の運転が出来て、屋久島の友人が車を貸してくれたこともある。宮之浦の役所の総合センター内には図書室があって、本を貸し出しており、中で読むことも出来る。私と妻はよく通った。妻の借りる本は料理本や画集が多かった。

私は歳が進むにつれて日本の時代モノをよく読むようになった。哲学書より読み易く、電話やパソコンや自動車などは出てこない。よく読んだ作家は山本周五郎、司馬遼太郎や藤沢周平であった。女性作家では有吉佐和子の著作をよく読んだ。図書室では池波正太郎のコーナーがあり、「鬼平犯科帳《おにへいはんかちょう》」のシリーズ文庫本が並んでいて三冊ほど借りた。当時（江戸期）のさまざまな盗賊やそれを取り締まる役人たちの心模様、そして淫猥《いんわい》ともいえる男女間のことや隠微《いんび》な男女のことも上手く配置され、鬼平の人間的な心の動きがこのシリーズ本の基調となっている。悪も善も人間的であり多くの人を魅了し、人の心を良い方向へ誘う力を持っている。これは山本周五郎・司馬遼太郎・藤沢周平も共通しており、司馬の著書では時代、風土、人の資質により重きが置かれているように思える。男女間のことは古今東西人として基本的なことであり、表現の仕方は千差万別で面白いところである。いずれにせよ、この著者たちは多くの人を魅了した。

私は島暮らしで遭遇した噴火災害避難で多くの方々から支援激励を受け、そして多くのことを気付かされた。世界中で多くの人が困難に曝されており、それらにくらべると私たち口永良部島の被災者がいかに恵まれているかを知った。島を無人化してはならないことも分かった。人は自然に対してひどい仕打ちをするが、良いことも出来る。焦っても仕方ナイ、良い子たちが育つように私は私の努力をしよう。この噴火災害避難は私を良い方へ押し遣ってくれた。これを記して皆さんへのお礼にしたいと思っている。

母のこと

母は父の生まれた岡山県弓削《ゆげ》駅より一つ岡山寄りの神目《こうめ》という駅近くの農家で生まれた。現在九十八歳で、私たちを産んだ吹田市の家で未だ一人で暮らしている。すぐ近くに兄夫婦が、歩くと少々離れているが同じ市内に姉夫婦が住んでいて、大概のことは姉が自転車で通い面倒をみている。父は九十五歳で世を逝《さ》ったが、母はここまで来たら百まで行こうかねと言っている。私は、行けるところまで行ってもらいたいと思っている。

妻の母（今は屋久島在住）は、ずっと勤め仕事をした人だが、私の母はいわゆる専業主婦でいつも家にいた。決して男女を差別するつもりはないが、このことは私たち子供には精神的な安定を与えたと今も思う。母はあまり良いセンスを持っているとは言えないが、洋裁が出来るので家計の足しにしていた。いつも針が無い無いと言って私と兄を恐怖に陥れた。私も兄も針の怖さは知っていた。私と兄は三歳違いだが、私は平均より体が大きく、よく二人で組んずほぐれずドタバタ家の中を転げ回った。組み伏せて馬乗りになった方が、デへへ、と口いっぱい唾を溜めて、相手の顔に落とすのである。下になった方は堪らないから、必死で上になろうとする。障子も襖もまともなものはなかった。そんな兄弟を母はたいして叱りもしなかった。ある日、母も機嫌が悪かったのだろう、洋裁に使う長い竹の定規でビシビシ私と兄を打った。眼が三角になるとはあの母の眼のことで、流石に恐ろしくなり私と兄は場所を変えた。

母は賢い女とは言えないが優しい気の良い女であった。当たったこともないのに宝くじが好きで、近所のタバコ屋さんでよく買った。タバコ屋のおばさんは母の良き話し友達だったようだ。母は買った宝くじをいとおしそうに財布に入れたり出したりして、よくこう言った。「これでな、○万円当たったらな、○万はアンタ、○万はにいちゃん、○万は芙佐子《ふさこ》」。私の姉はフサコといい、若い頃はカワイくもあったが今は……。「あれ、お母ちゃんのはないやん」と言うと、「ウチは要らへん」。まず自分のことを入れる女ではなかった。掃除が下手で、休みになると父がした。私と兄が壊した障子の修理や襖の張り替えも父がした。父が掃除を始めると、私と兄は家を飛び出し、母と姉はひたすら家の中でジッとしていた。母は料理も上手ではなく、週に三回はスキヤキで、材料を揃えるだけだから楽だったのか父が鍋奉行をした。父の味付けは美味しかった。それでも食べ盛りの私たちには、母の作るカタクリ粉でトロミをつけたシチューと、ジャガイモが主のオムレツは確かに旨かった。これは妻に伝わり母より旨いものを作っている。

当時はまだテレビは普及しておらず、街中に洋画専門の映画館が一つあり、三本立てで十日毎に違ったものを上映した。邦画館も三つあった。父と私は洋画派で、母と兄は邦画派だった。その頃には総天然色映画が主流になっており、メルビルの「白鯨」やポーの「モルグ街の殺人」は今も思い出す。上映する作品が変わった。「お母ちゃん映画行きたいねん」「アンタこの前観たとこやん」「変わっててん、今度のは絶対に観たいんや。ガイコツが剣を持って、地面からこうやって出てくるねん。それでな……」。母は口をとがらせていたが、「しゃーないな、ほな行っといで」と五十円くれた。当時は今でいう過保護というようなものはなく、全体的に大様《おおよう》な感があった。

小学四年生頃だったと思うが、当時呼ばれた日射病に私は罹った。要するに炎天下遊び呆けたワケで、朝目が覚めて立つとポテッと倒れ、何度やっても同じで母はそんな様子の私を見ていた。そこへ向かいのツンちゃんが「ションちゃん泳ぎに行こ」と私を誘った。ツンちゃんは恒夫、ションちゃんは庄二、私のことである。「うん。ツンちゃんちょっと待ってな」。私は立とうとするのだがポテッと倒れてしまう。仕方がないから海パン・タオル・水中メガネの入った袋を引きずり、ズルズルと芋虫が這うように玄関を出ようとすると、母は玄関前で、仁王立ちで私を見下ろし、腕を組んでこう言った。「アホッ」。私は小・中・高の十二年間学校を休んだことがない。高校では随分授業をサボリはしたが、この日射病のことは夏休みのことで、四、五日寝込んだ。

私が東京で妻と暮らし始めた頃、いきなり母が私の下宿を訪ねて来た。朝まだ早く九時になっていたろうか、トントンとノックがあり、隣のヤマグチさんだろうとパジャマのまま半開きの眼でドアを開けると母であった。母は素早くドアの内に首を突っ込み、キョロキョロ中を窺い、板で作った簡単なベッドに寝ている妻を見付けた。

母は何か叫び声のような音を発し、ドタドタと廊下の奥まで走り、借り手のない空き部屋に入ってしまった。こんな時は、なんというのかね、寝耳に水というのかね。覚めやらぬ頭で私は、マズイナ、と思った。私はその部屋に入って「ちゃうちゃうお母ちゃん、ちゃうねん」。母は喚いた「……ケダモノ……、人非人……、あんな子供騙して」「ちゃうちゃうお母ちゃん……」。あれは子供やない。女や」。母はますます喚いた。こんな時は何を言ってもダメで、しばらく放っとくに限る。

眼覚めた妻は、空き部屋に入ってきて、母の前に手をついて、殊勝に「どうぞよろしくお願いいたします」。母は眼と頬を赤くして、鼻の穴をピクピクさせている。まだ興奮している、まだ早い。妻と母は共に手をついて、互いに頭を上げ下げし出した。だいぶ収まってきたらしく、とにかく妻に任せておこう。何やら互いに言っているが、こういうことはよく聞こえるものだ。「アンタ、あんなしょうもない子に、よう来て呉れはったなあ」。こっちにも言い分はあるわい。誰が産んだ子じゃい！

そろそろいいだろう、さてなんといったものやら。「お母ちゃん東京タワーへ行こう」「東京タワー？　そんなとこ行きとうないわ」「いやお母ちゃん高いで、オレも行ったことないねん」。妻も行こうという。母はしぶしぶ「ほな行こか」となった。東京タワーは確かに高く、しぶしぶの母も「ほうほう」と声をあげていた。妻は当時喫茶店でアルバイトをしており、帰りの途中で別れた。母に「オレのところに泊まっていきなよ」と言うと、「イヤや兄ちゃんとこに泊まる」と言った。兄は大学を卒業して、そのまま中野に下宿していて、チクったのは兄貴に違いない……。中野駅で母は、「もうエエ、後は一人で行ける」。混雑する人の群れの中を、キョロキョロ辺りを見ながら遠ざかる和服姿の母の背は、頼りなげで本当に年老いて見えた。私は混雑する人ゴミの中で誰憚《はばか》ることなく泣いた。

母はいつ逝っても仕方のない年になっている。父は九十五歳で亡くなり、私は父の死に目に会わなかったが、父は逝く時うれしそうに母に手を上げて、「行くよ」と言ったそうだ。

私は毎年正月過ぎ、大阪に行くことにしている。宿がヒマになるからだが、今年は噴火災害復興もあって行けずにいる。母は近頃思うように歩けず、帰阪しても私がマーケットで惣菜を買ってゆく。遠方から息子が訪ねて来ても旨いものを食べさせられないと、母は気に病んでいる。そして話すことは決まっていて、何度も何度も同じ話をくり返す。私は何度も何度も相槌を打つ。私が島に帰る日、杖を頼りに通りまで出た母は、岸壁の母さながらに見えなくなるまで私を送るのである。

憲法談義

正直、私は日本国憲法をよく知らない。そして然程《さほど》調べてみる気もない。とはいえ今後その気が起こるやも知れぬ、私は生まれつき直感に頼って生きて来た。為《し》たければ為《す》る、為《し》たくないことは為《し》ない、為《し》たくなくとも仕方のない時は為《す》る。しかし、妻以外他者《ひと》を巻き込むことは為《し》ない。そのつもりなのだが巻き込まれた人も多いだろう。ご苦労様。このインチキヤローと思えば、その男はインチキヤローである。これは私のセイではない、勿論誰のセイでもない。私はこのように生まれついたのだ。そんなイイ加減な奴の言うことは聞く耳を持たぬ？　結構である。しかし私は自身の非を認めたら素直に謝る。当たり前だろ！

ナゼ知りもしない日本国憲法のことを書こうとするのか？　理由が二つある。一つはＴＶを観ていて女性ジャーナリストの日本国憲法論をチョコッと聞いたこと、もう一つは知りもしない日本国憲法を私は頭から良い憲法だと思っているからだ。女性ジャーナリストの平和への想い、憲法への想いとその表現は真摯なものであった。しかし、聞いていると、現在の日本国憲法は敗戦した日本独自の中から出て来たものではない、過半数以上の支持を得ている現政権時こそ日本独自の憲法を制定すべしという内容であり、新日本国憲法はこのようにという風ではなく、ただ改憲だけを国民に促しているように思えた。イイ加減な私は、面白そうな別のチャンネルに変えたが、頭の中はグルグルと憲法のことが巡った。そして今こうやって、憲法のことをハッキリさせようと書いている。

私の心、頭の中の日本国憲法は、「決して戦争をしない、参加もしない、武器も持たない、攻め込まれても戦わない、当然人を殺さない、当然空爆などしない、核を持たない、国益より一人ひとりを尊重する、弱者婦女子を優先する、自己のことは半分以下に他者のことは半分以上に……」、こういった具合である。現在の日本国憲法は私の知るかぎり、私の中の憲法と本質的にかなり似ているように思うのだ。現日本国憲法は誰が、どの国が関与して出来たのか?ということより、地球上の人類の願いから生まれたと私は思っている。人の良心は古今東西(今は南北)共通していて、そこから日本国憲法は出て来たのではないか。分かり易く言えば、日本国憲法は地球に暮らす人々の良心が作ったということなのだ。

日本独自、美しい言葉だが憲法に関しては地球独自、いや宇宙独自を目指さなければならない。皆さん！　美しいコトバは要注意である。そして皆さん！　美しく優しい心の人の世を目指しましょう。

勧善懲悪《かんぜんちょうあく》

このことばは私が子供の頃流行《はや》ったことばで、悪を懲らしめ善を勧めるのである。当時テレビは未だ普及しておらず、映画の隆盛期であった。特にフランス映画に良いものがあり、日本でも小津安二郎や黒澤明の作品のように、今も放映される良いものが作られた。戦後日本人の多くはチャンバラ娯楽映画を好んでよく観た。悪代官を懲らしめる筋のものが多く、私が住むこの島の年寄りたちもＴＶドラマ「水戸黄門漫遊記」が始まると、そそくさとテレビの前に座る。島の年寄りたちは結構辛辣で、意地の悪いことを言ったりしたりもするが、良い権力者が好きなようである。これは多くの日本人に共通していて、万国の人々にも共通するようである。

多くの人は良いものを求めるのに何故悲惨なことが起こるのだろうか?　善を勧め悪を懲らしめる嗜好を多くの人が持つのに、人は悲惨な世を創り出す。私たち人が生み出す最も悲惨なものは戦争であろう。昔は人と人が互いに傷付け合うことくらいで済んだが、現代は地球までも害い、人の心を荒廃へと追い遣る。そして戦争に匹敵する災いは人の営為から起こる地球の温暖化であったり、最近とみに問題視され出したマイクロプラスティック(私の住む島でも夥しい）であったり、世界各地で起こる森林破壊（木を切る人が悪いという単純なことではない）や資源の枯渇、そして起こしてしまったチェルノブイリやフクシマの原発災害等々。これ等は私たち人類が求める安心、安全、便利、豊かな暮らしの結果である。こうしたことで巨大な利益を得る人もいる。巨利を得る僅かな人がいれば、多くの貧しい人たちがいる。持つ者と持たない者の差が大き過ぎるのである。人の能力には差がある、しかし経済的能力を持たない人でも別の能力はある。人は良いところもあれば悪いところもある。さらに便利になれば必ず失うものがある。表があれば裏がある。これは宇宙の法則で、私たちは宇宙の一員である。持つ者はある程度持ったら放出しなければならない。持たざる者は持つ者を赤面させる程辛抱強くなければならない。しかし持つ者はまず赤面することはない。サテどうする？　テロか？

多くの人たちは、この世のことや我が子たちを政治家・科化学者・教育者・経済人等々の人任せにしようとする。この人任せが如何にアブナイか、人の世の悲惨さは皆さんが因《もと》である！と言っても過言ではない。しかしこのことは知ってもらいたい。私も皆さんの一員であり、皆さんに発破を掛けているとき、私自身にも発破を掛けている。

これからの現代文明の中で生きてゆく私たちの義務は、決してテロに頼らず社会が産み出す巨大な利益を僅かな人から取り戻し、子供たちや弱者や壊れる地球に費やすことであり、追求や探究から生じる結果に対して私心無く皆で話し合うことであり、足るを知ることであり、辛抱できる心を皆が取り戻すことであり、万《よろず》に感謝の念を覚えることであり、後退すべき時はそれが出来る心を培うことである。そしてナニゴトにも適度があることを私たち人は知らねばならない。

言うは易《やす》し、行いは難《がた》し。しかしやらなければならないネ。このためには善を求める皆さんの力が要る！

私が死んだときには

私は現在六十八歳で、まだ若いじゃないかと思われる人も多いだろう。これは屋久島の避難住宅で書いており、私と妻の老後の家を建てている最中に噴火災害、島外避難となり、そろそろ四カ月になる。建築続行不能となった家屋は屋根板を三分の一ほど張ったところで避難となり、なんとか屋根だけは早く仕上げたいものだと思っている。

さて人はさまざまではあるが、自分が死んだらどうして欲しいか記しておけば、残った人たちも大いに助かるだろう。実際人はいつ死ぬかは分からないもので、年寄るとその時が近づいていることは確かだ。

私は墓などは要らない。オヤジが死んだのは何月だったかナア。ひとつ皆で集まって飲もうか。これで充分だ。私は読経などは好まぬから、簡素な通夜となるだろう。遺体は屋久島に送り火葬にふし灰になった骨を島に持ち帰り、私の望んだ所に子供たちは舟を出し、その骨を全てその海に撒けば良い。私が望む所は田代の宿のヴェランダから見える海で、葬式などは要らないからその夜は皆で祝ってくれたら良い。ヤレヤレと吐いても、何を言っても化けて出ないから心配するな。

人は簡単に死ぬこともあるが、寝たきりになっていつ死ぬか分からないこともある。痴呆症でキリキリ舞いすることになるかも知れない。こんな時は親族の誰かが面倒をみなければならない。当たり前のことである。私が面倒をみる、みられる。どちら側でも当たり前のことである。私は面倒をみられる立場になったら堂々とみられることにする。人は他の人に精神的な負担を極力少なくするためにも堂々としていなければならない。

私の末期《まつご》に延命措置などは断る。医師がなんと言おうが断る。縁者（子や孫）は私の意思を尊重すること。

得るもの失うもの──若いひとたちへ

口永良部島にもこの屋久島の避難住宅にも、学生たちがよく来てくれる。高校生が交じっている時もあって、彼等が来ると私は必ず言う。「なにか得ると大概なにか失うよ。便利になることは大事なことを失うことだよ。優れた人も必ずどこか劣ったところがあるよ。言い換えれば、一見とるに足らぬ人でもどこか優れたところがあるよ。良いところがあれば悪いところもあるよ。物事には表と裏があって表面を観たら裏面のことも考えなさい」と、言いたいのである。これはアラ探しが目的ではなく、若い人たちに哲学する姿勢を持ってもらいたいのだ。

「なにか得ると大概なにか失うよ」。これは現代の風潮から得となるものを追い求めると、人として大事なものを失い易いよ、と言いたいのだ。今日本では、高校は勿論、大学へ進学するのが当たり前になっている。そこで学生たちにこう言う。「これは親も社会も子供に教育を与えることで安心しようとしていると私には見えるネエ。分かり易く言えば、親や社会は生活を通して子供たちに生きる心の在り方を教えなければならないのに、大人たちは安易な生活に慣れきって、この生活が続くように子供たちを道連れにしようとしてるみたいネ。多くの大人たちは故意ではないとしても、すり替えているんだろうナア。学歴は職種や収入に直結し、その代償として人が持つ動物としての本来の能力が失われているんだけどナア。多くの大人たちはこんなことは想いもしないのだろうナア。勿論そうでない人もいて、君たちもそんな大人になって欲しいネ。自分のことは一番最後にできる大人になって欲しいナア」。斯《か》く自己中男の私は、学生たちに語るのである。

「より便利になることは大事なことを失うことだよ」。これは日本社会が辿った跡を見れば分かることで、私は島暮らしが長いからこの口永良部島で辿ってみよう。

四十三年前この島には四百人近い人たちが暮らしていて、五〇トンの町営船太陽丸が屋久島―宮之浦間を就航していた。当時の本村港の桟橋は幅三・五メートル、三〇メートルほど海にポンと突き出ていた。視界の良い日は南に口之島、中之島、諏訪之瀬島が重なって見え、少し離れて臥蛇島が見えた。船が入ると島民総出で荷を降ろし、桟橋は島民皆の顔合わせ場であり、挨拶を交わす社交場であり、情報交換の場であった。島民の顔は皆強《したた》かで生き生きとしていた。

現在はどうであろうか。島民は百三十人程となり、桟橋は四二〇トンのフェリー太陽が発着する巨大なコンクリートの塊となり、南に見えたトカラの島々は見えず、車は自由に船を出入りし、荷物はフォークリフトが船内に入って人の手も要らぬ。今では直接用がなければ島民は桟橋に出て来ない。確かに便利に楽になったが、人の絆は細くなり、島民の生き生きした顔は失われた。

またこんなことも言う。「早く大人になる道は自分の子を持って親になることだ。確実に自分以外のことを考えるようになる。しかし、良い大人になるか悪い大人になるかはまた別の話だヨ。子供は二人作るより三人の方が断然ラクだよ、多い方がラクだよ。ラクして良いことと悪いことがあるヨ」

こうも言う。「世の中本当にいろいろな人がいるヨ……」。またさらに、こんなことも言う。「大概の年寄りたちは、君たち若い人をそれ程羨ましいなどとは思ってないよ。年寄りにも若い時があったし、いずれ君たちも年寄りになるんだから、ニヤニヤしながら見てるよ」。何度も来る学生は何度も聞かされる。

私と妻が住むこの避難住宅に、ある日、ケイオウ大学の青年が独りでやって来た。私は例の独演、日本と世界の抱える諸問題を語り、人のあるべき姿を語った。名は忘れたが、その青年は哲学することが好きだと言う。四回生で就職は決まっていると言う。どこに決まったのかと問うと東京電力だと言う。私はすぐフクシマを連想した。フクシマの原発災害をどう思うか問うと、彼はフクシマの原発災害処理の部署を仕事場として望んでいると言う。答えとして正直であり、彼の眼に嘘はなかった。おそらく社内にはいろいろな人がいて、災害を受けた人もいろいろで、彼はその中で成長するだろう。

私は一時若い人が疎ましい時期があり、多くの若者たちの浅薄《せんぱく》さに腹を立てた。これは私が歳をとり、気力体力が衰え、若者たちとの年齢差が大きくなって、共有することが小さくなったこともあると思う。しかし時代の違いが若干出て来たようで、若者たちの質が変化しているように思える。一年休学して屋久島町の職員になり、私たちが帰島したら島の復興に参加しようという青年もいる。私の島での田んぼ復活にも、参加したいと言う。

これからの口永良部島、日本、世界は、若い人たちの肩にかかっている。私は島に帰ったら若者たちと一緒に考え働き、元気に暮らそうと思う。この避難生活はやはり私には役に立った。

エピローグ

一時帰島

二〇一五年五月二十九日から、避難生活を送り完全帰島するまで、私と妻は最も早く六カ月と十日程。長い人は七カ月、一年以上の人もいる。私たちは避難生活の間、五回の一時帰島を果たしている。犬猫と共に島を出た人もいれば、生きものを残して島を出た人もいる。長雨や台風接近の心配もあり、作物は全く放ったらかしとなり、皆は早く島に帰ることを望んだ。町長は早く島に戻してやりたいと思ったようだが、気象庁は慎重であった。9、10、11号と、日本列島の下に三つの台風が北上のスキをうかがっていた。そのため町は一戸一人の条件で一時帰島を決めた。七月七日、まだ梅雨の最中だったが、たまに晴れ間がのぞくその日、最初の一時帰島が行われた。近づく無人と化した島は火砕流の酷さが見て取れた。

避難で乗り捨てた宿の車はすぐエンジンがかかり、私には警察官と二人のサポーターが付き四人で田代に向かった。例年より雨が多く、途中道路下の土が大きく流失した所があったが、無事田代の宿に着いた。入り口前に数羽のニワトリがいて何かホッとした。宿では二十羽のメンドリと二羽のオンドリを飼い、その卵を宿の料理に使い、避難する際に自力でやってゆくように小屋から放したのである。十五匹程のノラネコに宿の余りものやキャットフードを与えていたが、全く姿が見えなかった。建物の中はカビだらけで空気は淀んでいた。家屋は人が住まないとダメだ！　二時間程台風に備えて戸締まりしたところで火山性微動が多発していると連絡が入り、戸締まりの途中で港に戻ることになった。ニワトリの飼料袋を切り裂きキャットフードをばら撒いた。確認出来たのは八羽程のニワトリであった。電力関係者や消防団員は私たちより先に島に入り、私たち島民の一時帰島の際には通電していた。ご苦労様。台風は三つとも外《そ》れ、ヤレヤレと安堵した。直撃を受けた所は災難だが、私たちも受けたことがある。

二度目の一時帰島は八月十九日。妻も一緒で、警察官が一人付き添い、近づく島は前回より荒れていた。これまで我々人が勝手気ままにやってきたが、人のいない島は自然が気ままにやるようだ。今回は田代までヘリポート経由の道を使った。敷地の中にシカ数頭ニワトリ数羽を確認、厨房はネコが死んでいて惨たんたる状況。恐らく前回の帰島のおりに入り込み、私たちが気付かないまま戸締まりをしてしまったのだろう。妻は主に厨房の片付けにあたり、私は台風戸締まりをしたが、火山の硫黄ガスのせいか金具はボロボロに錆び、戸締まりに難渋した。山水はオーバーフローしておらず、沢山の容器に水を張り、カビの生えた米はばら撒いた。次回は水源に行かねばならない。十七時十五分、田代出発、桟橋へ。屋久島に持ってゆく予定のものでいろいろ積み残しがあったが、妻を忘れなかったのはカンシン、カンシン。妻曰く「厨房の冷蔵庫の腐敗臭はスゴカッタ……」。

夕暮れ時フェリー太陽は島を出て屋久島へ。船から見る海に沈む太陽は私たちの疲れた体を慰撫してくれるようだった。

九月二十六日、前回積んだ宿の車を再びフェリー太陽に積み、三回目の一時帰島。午前八時、宮之浦港を出発した。今回は私と妻と警察官とサポーター計四人で田代へ。着いてサポーターと私は水源へ向かった。水源への山路はヤブに覆われ、川筋に辿り着くのが大変だった。水源の取水ホースは大雨で外れ、粘土セメントで作った升は埋まり、掃除復元して宿に戻ったら水は溢れていた。天候悪化で予定より一時間早く桟橋に集合した。

十月二十九日、四回目の一時帰島。私と妻と警察官計三人で田代へ。午前十時より作業開始。まず厨房の台風雨戸を外し、窓を開けた。水はＯＫ。我が家は即住める状態になったが、動かないボイラーやエアコン、電気器具等があり、妻のバイクは作動しなかった。

十一月十六日、五回目の一時帰島。私と妻と次女真木、計三人で田代へ。今回は、警察官は付き添わなかった。私は草払いを主に、宿の戸を開けたりフトンを干したり。妻と真木は厨房を集中的に清掃。ネコはまだ確認しないが、ニワトリは七羽になっていて、相変わらずシカ天国だった。シカに恨みはナイ。

日本は島国でさらに小さな島々にとり巻かれ、口永良部島もその一つ。噴火で無人化したが災害前は百四十人程の島民が住み暮らした。決して軍事的な意味ではナイ、何度も言う。島は国の最前線でアル。島は無人化してはナラナイ。私は五度の一時帰島を果たし、よく蛻《もぬけ》の殻と言うが帰る度にそう思った。人は自然に逆らうことをいっぱいしてきたが、欲張らず素直に優しく生きていれば良いこともできる。この無人化した口永良部島を見れば分かる。そして島の良さが一層分かる。この災害と避難生活は私たちの役に立った。

私と妻の完全帰島

二〇一五年十一月三十日（ちょうど噴火避難から半年後）、完全帰島に向けて町長はじめ数人の職員による住民説明会が催された。その資料の中で長期滞在型帰島案が記されていて、これを適用すると町長の帰島宣言（十二月二十五日予定）がある前に島に帰れる。町長の宣言など知ったことではない。私は島に帰る！　島に帰りたい、自国に帰りたい。これは理屈を超えた想いだ。私はこの想いをハッキリ知った。

十二月八日、私と妻は車に荷物を満載して口永良部島に渡った。いずれ帰島するのだからモノを持たないように気を付けたが、あるものだ。これは私と妻の完全帰島で、島に帰るとやることだらけで屋久島の友人を伴ったから正確には三人で島に向かった。町営船フェリー太陽は復興の関係者や長期帰島の島民たちでゴッタ返していた。以前の一時帰島では警察官等誰か一人付き添ったが、この帰島ではそれがなかった。

さて今日からまず、私たちの復興である。私は雨戸をとっぱらい、窓を開け、妻はひたすら厨房を片付けた。ベランダの戸を開け海の彼方の硫黄島を見て、妻と私はホッと息を吐く。何より有り難かったのは宿で使用する湧水がタンクからゴボゴボ溢れかえっていたことで、二十匹程いたノラネコは全く姿が見えなかったが、ニワトリは二十羽のうち七羽残っていた。何でも良い面があれば悪い面もあって、ことこのシカは全くいなかったが、今はあちこち破れシカ天国と化していた。宿の敷地はアミで囲いシカの侵入に関し人側から見て良いところは草払いの手間が省けることで、悪いところはシカダニが増え、今までいなかった山蛭《やまびる》もいること。シカにしてみればただ生きているだけで、目指すつもりなんぞないのだろうが、目指すのはその地の草原化だろう。人は？

昼食は、次女真木が用意してくれたおにぎりを食べた。子沢山な長男、次女両家族は、学校の事情もあって帰島宣言後帰島するそうだ。私と妻は帰島して五日目に宿を再開した。まずネマチに帰りたくとも道路が大雨で寸断され帰れない父子を泊め、次いで県環境課職員、島の避難所整備の作業者たちが泊まり、これから火山研究者・気象庁・電力関係者・郵便局・報道関係者等が予定されている。宿は島の復興に役立っていて、これなら宣言前に帰島した私たちに町長も文句はあるまい。

さて島に帰った私は、望んだにもかかわらず忙し過ぎて、避難生活はラクだったなあ、と懐かしく思ったりする。私たちの避難生活は、ひたすら帰島する日を待つことであり、贅沢でもあり、辛いことでもあった。

そういえば、こんなこともあった。私たち島民は噴火全島避難となり、まず屋久島宮之浦の三カ所に分かれて避難した。私が避難した所は宮之浦老人いこいの家で、男十五人、女十六人総勢三十一人。児童、生徒、教員が主で、若いグループの中で私が最年長であった。避難数日後「図書室へ行こう！」ということになり、私たちはゾロゾロと避難所を出た。待ってました！と取材陣がマイク・カメラを手に私たちに聞いた。「どこへ?」。子供たちは叫ぶように答えた。「図書室！」。若い記者はこう言った。「ヒマツブシですか」。母親たちは怒った怒った。皆さん、母親たちの怒る気持ちが分かるだろうか？

この口永良部島では、私はやることだらけで正直くたびれるナア。

これからの口永良部島

私たちは半年以上屋久島の地で避難生活を送り、多くのものを失いそして得た。

失ったものとはどんなものだろう。人はさまざまだが、皆に共通しているのは半年以上にわたる島でのゆったりした暮らしだろう。ある人たちは牛や鶏を失い、山羊や犬猫を失った人もいる。人を失わなかったことは幸いである。生き物を屋久島に連れて来れた人もいるが、慣れない暮らしの中でさぞ苦労されたであろう。作物は放ったらかしとなり、無人化した島は水道が止まり、電気が止まり、台風が接近し大雨が続き、火山ガスが多量に放出された。ある家では床下を雨水が流れ、小学校は浸水し、中には浸水した家もあって畳、布団は処分するしかない。これは人が住んでいればチョッとしたことで防げるのだ。幸い直撃した台風はなかったが、接近した台風で庇や板壁が破損した家屋もあった。長雨であちこちが崩れ通行出来ない町道もあり、特に寝待地区二世帯は家に辿り着くのも困難な状況であった。

停電により各戸多くの家電製品が傷み故障した。前田地区などは数カ月に及ぶ停電で、冷蔵庫・冷凍庫内は凄まじい状態であったと聞く。島の電気は九州電力がこの島で火力発電し、長期でも無人で維持管理出来るとのことであったが、比較的安定供給出来たのは本村地区で他の地区は長く停電した。あらためて電気に頼る私たちが見えた。放置された車やバイクは作動せず、敷地や通りの脇は草が生い茂り、締め切った家屋は全く風が通らず、布団・衣類・畳・床板・家具全てカビだらけだ。これは島を無人化した結果だ。これらは各戸共通したことだが、「うんにゃ、ウチはもっとひどか」という方もおられるだろう。

私は田代地区に住んでいて、今回の噴火では無傷と言ってよい程だったが、ただ火山ガスによると思われる数種の植物の枯れと多くの金具の錆が目立った。長雨による湧き水の不通がありすぐ復旧したが、家屋の内部は台風の備えで締め切り、全く風が通らず、梅雨時、夏場、室内の熱気とカビは凄まじいものだった。田代も通電しない時が度々あり、冷蔵庫内はやはりヒドイものだった。エアコン・電話機・炊飯器・ボイラー等が故障し、雨に濡れないように庇《ひさし》の下に置いたバイクも作動しなかった。

中平《なかだいら》から田代間は一部道路下が崩れて通れず、西ノ湯、ヘリポートを経由する道路は通行出来るので、私と妻は帰島出来た。現在は復旧している。

人が住まない家はすぐ傷む。人が住み暮らさない島はどうなるのか？　この災害避難でよく分かった。避難生活中、我が国内外で起こった私たち以上の災難を知り、私たちが如何に恵まれているかを知った。私たちが決して忘れてはならないものは人の善意で、私たちはどれ程多くの人たちから励まされたことか！　これに応えるには、私たちが島でしっかりと心正しく生きることだと思う。そして私たちが支援出来るようになったら困難に瀕した人たちをしっかり支援激励しよう。私たちは心から本当にありがとうと言えるようになった。これがこの災害から得た本当のものだと思う。

いつ噴火するやも知れぬこの島で皆共に暮らす、私たち島民には当たり前のことだ。子を産み子が生まれ、沢山の子が生まれ育つ島。

これが私たちの願う島だ。

ここからこの口永良部島はまた始まる。

良い子たちがたくさん生まれ育つためには

これは国の地域の根幹である。モノゴト全てはここから考えればよい。

さて考えてみよう。子が生まれるためにはまず男女が必要であるが、今は同姓婚があったり体外受精をしたり代理母がいたり、以前とは違った世になっている。経済的な理由から子供はいらない、作れない、たくさんは育てられない。精神的（？）な理由から子供はキライ、結婚など面倒、独りが良い、まだまだ遊びたい。その他結婚はしたいが相手がいない、できない。中にはたくさん子を産む人もいる。それに対応する医師・助産師・病院もいろいろあって、帝王切開を奨《すす》める医師・すぐ堕《おろ》してくれる医師もいれば、産む手伝いはするがそれ以外はお断りという医師もいて、産み作る側もさまざまだが対応する側もさまざまである。現代医学は遺伝子を操作しクローン人間も可能なところまで来ている。人はナニゴトも探究し出すと止められないようで、そこから災害が出ると人はやっとブレーキをかけるが、その災害をさらなる探究で乗り越えようとする。

さて、良い子たちがたくさん生まれ育つためにはどうすればよいのか？　これは私たち大人一人ひとりがまず良いオトナにならなければならないのだが、古今東西南北ごまんと人のいた世で本当に良いオトナは僅かしかいなかった。ただ昔の人は、今よりキビシイ時代に生き辛抱強かった。

オレは良い大人ではないのか？　悪いことをしなければ良い大人でいれると思ったら、大マチガイだ。本当に良い人悪い人は極少なく、ほとんどの人は良くもあり悪くもある。私も皆さんと同じで、良い時もあれば悪い時もある。ただココが大事なところで、私も皆さんもさらに良くも悪くもなれるのだ。私は良い方を選ぶ。良い悪いとは？　何度も言う。それを皆さんが考えるのだ！

今私たちは科学を発展させ、それに伴う物質消費文明のまっただ中にいる。この世はさらにIT化を加速させる。この文明を持たない昔の人たちは、互いに傷つけ合っても、地球を傷つけることはなかった。しかし今は、私たちの職場である各種企業、そして私たちの生活そのものが、この地球を壊す。百数十年でこの様《さま》になった。私たちが持ってしまった地球を壊すこの文明をどうすればよいのか？　慣れきってしまったこの生活をどう修正すればよいのか？　私たちオトナ一人ひとりが、いかに安易安楽便利な世を求めているかを認識する必要がある。そして本当に大事なことは何かを気付くことであり、思い定めることだ。それは孫子や家族のことであり、隣人であり、もっと未来の人たちのことであり、この地球のことであり、その中に生きる動植物全てだ。人よ！　辛抱するのだ。まず自分のことは後に置くのだ。そして気付いた人から始めるのだ。これが良い子を育てる第一歩なのだ。

今テロが横行している。一匹オオカミのヤクザ者が巨大悪の親分をブッ殺す。私が高校生の頃この手の邦画が流行《はや》った。これも一種のテロであるが、隣に座って手を握りしめ涙を流しているのはきっとどこかの料理屋で板前をしている兄《あん》ちゃんだろう。多くの人は正義を好む。私も良いヤクザは好きである。いつも日陰を歩き堅気《かたぎ》の衆や女子供には一切手を出さず、権力の上に胡座をかく奴は許さない。

ここで寄り道。私の通った高校は当時の国鉄吹田《すいた》駅から京都方面へ三つ目の茨木《いばらき》駅近辺にあった。吹田駅まで十分歩く通学路の途中に旅回りの芝居小屋があった。小学生の頃〝四谷怪談〟の出し物を観てドキドキした記憶がある。高校二年生だったか、永く寂《さび》れていたその芝居小屋がピンク映画館（今のポルノ映画館）に変身した。当時の高校生の多くは初《うぶ》であった。見たいくせに、その場は真っ直ぐ前を向き足早に通り過ぎた。真っ直ぐ前をみていても、うねる女体が見える。そんな私をお見通しなんだろう、客呼び込みのオバさんが「兄ちゃん兄ちゃん」。手招きし「百円百円」と言う。始まったばかりだから百円でよいと言う。二本立てで一つの題名は〝夜まで待てない〟であった。ちょうど私は百円持っていたが、入場したかどうかは皆さんの想像にお任せする。

テロの話に戻ろう。今、世界のあちこちで横行するテロ事件は全て唾棄《だき》すべきものである。正直私も若干テロリスト気味で今の日本の在り方に怒りを持っている。だが、テロは心だけでするものだ！　厳密に言えば言論すらテロとなり得る。もしテロが許されるとするなら良い心のテロだけだ！　今のテロは互いの復讐心を煽《あお》り立てることが目的であり、標的は一般人である。攻撃を受けた国や国民は当然怒る。そこで報復として空爆を実行する国が出てきて、正にテロリストには思うツボ。ただただ双方の弱者たちが、悲惨な状況に追い込まれてゆく。この構図は皆さんお分かりであろう。私たちが見過ごしてはならないのは、こうした動きの中で僅かな人が暴利を貪《むさぼ》っているということだ。ここで私たちが気付かねばならないのは私たち自身のこと。政府や国、首相や大統領、軍隊や警察や経済にすぐ頼ろうとする自身であり、すぐ結果を見たがる私たちの姿である。ものごとには良い面と悪い面があり、私たちは双方をしっかり見て何が良く何が悪いのか、一人ひとり自身で考えねばならない。考える人が増えれば時間はかかるが世は少しずつ確実に良くなってゆく。そしてその間に良い子が育つ。とにかく皆さん大人が考える（反省する）習慣を身につけることが第一歩だ。大人が考えたら子も考える。ただ結果をすぐに求めるな。ひたすら待つのだ。大人は辛抱強くなければならない。この私たち大人の姿勢が子を正しい方へ導く。

おわりに

二〇一七年一月末現在、私と妻は帰島後二度の正月を迎えた。昨年は復興もあってナンヤカヤと忙しい日々を送った。避難生活六カ月と十日の間、帰島する日を指折り数えていた。帰島すればしたで、休みなしの宿業が待っていた。私はイキナリの環境変化に体調を崩し、一五メートル程歩くのに三回も休む始末であった。そこで動く量を半分以下に控え、半分はこの本の原稿書きに充てた。体調は復調し、やっとこの終わりの章に辿り着いた。妻が元気であったことがなによりで、次女真木が宿を采配してくれている。復調はしたが年寄りになったことは確かで、日々老いていることを実感している。人によって若干違いはあるが、これは誰もが通る途《みち》である。

この噴火災害避難で気付いたことは、私たちは島民は恵まれていること、島は無人化してはナラナイこと、そして子供たちの大事さである。忘れてはナラナイことは、人の善意である。今、私たち島民は、心から本当にアリガトウと言えるようになった。

本当に皆さんありがとう。

（追）原稿を読み返してみて、これで本当にエエンカイナ?と思うのですが、後は皆さんにお任せ致します。逃げるが勝ち！

この原稿を仕上げるのに、コピーやナンヤカヤ私の高校時代の古い友人Kに頼った。ありがとう。

最後にこの本の帯のことに触れる。

帯とは、新刊書の表紙にくるっと巻いてあるやつで、なんだかんだと書いてある。売れ行きにはなかなか有効で、本は売れる方がいいに決まっている。私の若いころからの友人で著名になっている人がいて、そこでその人にこの帯に登場してもらうことにした。つまり、この本の売れ行きが良いか悪いかは、内容によるのではなく友人のせいということになる。

さて、この友人は現在京都大学総長を務める山極寿一氏で、私たち家族がこの島に移住して二年程たったころ、彼は大学院生でこの本に度々登場するゴトウさんに会うため、この島にちょこちょこ出入りするようになっていた。ゴトウさんは、私より二歳年長で、屋久島の永田集落（京都大学は屋久猿を調査するため、かなり以前から永田集落のはずれに調査用の施設を持っていた）に五年程暮らし、私たち家族より二年程遅れて口永良部島に移住、この島の女性を娶った。

ゴトウさんは力持ちで気は優しく、東京にいたこともあるらしいが肌に合わず、大阪に来てほっとしたと言う。ラーメン屋台を引いていたともホームレスを経験したとも言う。私は大阪生まれ育ちだが、当時の大阪の街は樹木が少なく、東京に出てほっとした。私もいろいろな職に就き様々な体験をしたが、ホームレスはない。

山極氏はアフリカのゴリラに精通し、ゴリラに学び、ゴリラについての本を幾冊も著している。特に「ゴリラのオスは背中で自分を語る……」は、共感を覚える。二十数年前、私はこの島で米作り（専業ではない）をしていて、畦に座って刈った稲穂を束ねている山極氏の背中は、オスゴリラそのものであったことを、今でも鮮明に思い出す。

最後の最後に付け加えたいのは、船と舩の字の違いである。私は小学生の頃から貴船を使い、再び島に戻って『生命の島』への寄稿文も貴船を使っていた。いつ頃だったのか記憶はないのだが、戸籍では舩の字が使われていると指摘を受けた。当用漢字にもあるという。現在は、舩の字を使っているが、古い友人たちは船だと思っている。私としてはどちらでもよく、この書には船を使うことにした。

■著者プロフィール

貴船庄二（きぶね　しょうじ）

1947年、大阪府吹田市に生まれる。戦後を引きずる社会の中で田んぼや池や路地裏で遊び惚ける少年時代を過ごす。1965年、大学進学にあたり美術を志すも受験の意思なく２年間大阪近辺を歩き通す。1967年、東京都小平市へ転居。西洋画科に一年在籍、中退。1969年、長女を儲ける。以降、数々の職を転々とする。1973年、口永良部島にたどり着く。1982年、島を出て兵庫県へ。1991年、再び口永良部島へ。以来、現在に至る。

島に棲む
—口永良部島《くちのえらぶしま》、火の島・水の島—

二〇一八年五月十五日　第一刷発行

著　者　貴船庄二
発行者　向原祥隆
発行所　株式会社 南方新社
〒八九二−〇八七三
鹿児島市下田町二九二−一
電話 〇九九−二四八−五四五五
振替口座 〇二〇七〇−三−二七九二九
URL http://www.nanpou.com/
e-mail info@nanpou.com

印刷・製本　株式会社朝日印刷
定価はカバーに表示しています
乱丁・落丁はお取り替えします
ISBN978-4-86124-378-3　C0026